素晴らしい老後を送りたいなら、今すぐ〝米ドル〟を買いなさい！

二〇二二年秋、日本中が〝円安〟で大騒ぎとなった。慌てた政府・日銀は、九月に一ドルが一四五円に突入した時点で久し振りの為替介入に踏み切った。翌一〇月にも、一五一円台で再び大規模介入を実施した。

しかし、そのやり方は矛盾している。FRB（アメリカの中央銀行）を中心に、世界中がインフレ対策のために利上げに踏み切る中で、日銀だけが金融緩和を続けて円安を導いておきながら、片方では外貨準備を使って円安を阻止しようという、あり得ないやり方だ。まさに、アクセルとブレーキを同時に踏むというムチャクチャな政策である。

日銀が利上げに踏み切らないことについては、実は隠された秘密があるのだ。黒田日銀総裁は、「日本経済が新型コロナによる病み上がりだから、金利を上げない」とこじつけしているが、日銀には金利を死んでも上げられない、とんで

プロローグ

ドル建て金持ち、円建て貧乏

Rich Dollar buyers,Poor Yen holders

浅井 隆

第二海援隊

もない理由がある。

というのも、アベノミクス下の黒田日銀による国債の爆買いによって、日銀の当座預金（これは日銀にとって負債に当たる）の額が五〇〇兆円にも膨張してしまったからだ。九年半の間に、なんと一〇倍にもなるというすさまじさだ。もし将来、金利が二％になったら日銀は、この当座預金に二％の金利を付けなければならず、九・七兆円しかない自己資本を食い潰して債務超過に転落してしまう。政府が天文学的借金をしている中で中央銀行が債務超過になったら、円は止めどもなく売られる。

いずれにせよ、政府が為替介入しても「円は将来、もっと安くなる」という現実は、外国人（特に投機筋）や日本人の一部の賢い個人からは見透かされているのだ。

このように、〝長期的円安傾向〞には何の変化もない（二〇二二年一〇月中旬以降の円高も一時的なものだ）。その理由の大きなものは、第一に、日本国政府の借金の膨張が加速化していること。第二に、日本の国力の低下が止まらないことだ。

そうした中、一部の個人による「円を見捨てて米ドルへ資産を乗り換える」という動きが加速化している。円と日本経済の弱さへの〝失望〟が広がっているのだ。日本人の所得は大分前にシンガポールに抜かれ、一九九七年に通貨危機による国家破産状態に陥り、ＩＭＦに救済された、あの韓国にさえ、もうすぐ抜かれそうだ。

「ビッグマック指数」も、日本の購買力の落ち込みを示している。言わずと知れたマクドナルドのハンバーガー「ビッグマック」の価格で世界各国の物価を比較する指数だが、その最新の価格はアメリカで七三〇円、日本では三九〇円だ。日本人は、二倍の代金を払わないとアメリカに旅行した時にハンバーガーさえ買えないのだ。私も、六月に久し振りにシンガポールを訪問した際、現地の物価が二年半の間に円ベースで五〇～一〇〇％（二倍！）にまで上がっていたのを実感し、驚がくした。

はっきり言おう。将来、円はすさまじい安値に転落し、紙キレ同然となる。

円しか持っていなかったら、あなたの老後は極貧そのものとなる。まさに本書のタイトル通り、「ドル建て資産を持てば金持ちとなり、円建て資産しか持たなかったら貧乏な生き地獄に転落する」というわけだ。あなたがドルを持たなかった場合、「二〇年後には極貧層に転落し、老後は消滅する」と言ってよいだろう。

だから、今すぐドルを買いなさい‼ すぐに銀行へ行って全資産の半分をドルに換えなさい（しかも、必ず一時的円高が時折やってくるので、その時期を見計らってうまくドルを買いなさい）。そして、ドル建て資産である「金《きん》」も「ダイヤ」も買いなさい。それが、唯一の生き残る道と言ってよい。本書が皆さんの老後を豊かなものにすることを祈って、本編を始めることにしよう。

二〇二二年一一月吉日

浅井　隆

ドル建て金持ち、円建て貧乏——目次

第三章　一〇年後、円しか持たないあなたは極貧のどん底へ

第四章　〈対策編〉今すぐドルとダイヤを買いなさい

エピローグ

※注　■単なる〝ドル〟表記は、すべて〝米ドル〟を表します。
■本書では一米ドル＝一四〇円で計算しました。

第一章　円が安くなるこれだけの理由

ハイパーインフレは〝一晩〟で起こる

『『もう収入が足りない』と嘆くセルギオ・オマルさん（四一）は、首都・ブエノスアイレス郊外ルハンにあるごみ処理場で一日一二時間ごみの山をあさる。段ボールやプラスチック、金属などを探し、売っている。食品価格がこの数カ月間で急騰し、五人のこどもを抱えるオマルさんは家族を養うのが難しくなった。生活が行き詰まり、ごみ処理場で売れるものを探す人は増えているという。『状況が危機的になり、ここに来る人は二倍になった』とオマルさん。リサイクル可能な廃棄物を売れば、一日に二〇〇〇〜六〇〇〇ペソ（一三〜四〇ドル）を稼ぐことができる」。

二〇二二年一〇月一三日、ロイターは「ハイパーインフレのアルゼンチン、ごみ物色や物々交換も」と題して、右記のようなアルゼンチンの〝惨状〟を報じた。記事は、「アルゼンチンは一世紀前には世界で最も豊かな国の一つだった。

しかし、近年は繰り返し経済危機に見舞われ、インフレを抑え続けるのが困難になっている」とし、「今年の消費者物価指数（ＣＰＩ）の年間上昇率は一〇〇％を突破し、一九九〇年前後のハイパーインフレ期以来となる高い伸びになる見通し」（同前）だと伝えている。

「これは、そう遠くない将来の日本の姿だ」などと言えば、さすがに大袈裟だろうか。ほとんどの人は大袈裟だと思うかもしれないが、私に言わせれば決してそうではない。私はここ日本でも、アルゼンチンのように通貨の信認が失われて、財政インフレ（赤字財政に起因するインフレーション。財政の赤字は資金の中央銀行引き受けや赤字公債の発行によって補填され、通貨を社会的必要流通量以上に膨張させるためにインフレを引き起こす）に苦しむ日が近づいてきていると確信している。

相当な供給力を備える現代の日本で「ハイパーインフレになる」と言われても、おそらく九九％の人は信じないはずだ。ましてや、「一晩でなる」と言われたら、ますます信ぴょう性に欠けると思うことだろう。しかし、実際に日本でもハイパーインフレは一晩で起こり得る。円の発行元である中央銀行（日銀）の信認が、大きく毀損する場合にだ。

「日銀が長期金利を抑え続けていると、インフレは手が付けられなくなり、日本は一晩でハイパーインフレになる可能性があります。日本人はこの政策によって貧しくなるでしょう」――スイスのヘッジファンド、ＥＤＬキャピタルＣＩＯのエドゥアール・ドラングラード氏は、二〇二二年九月五日に放送されたＢＳ－ＴＢＳのニュース番組「報道１９３０」の中でこのように日本人へ警鐘を鳴らしている。

私からすると、二〇二二年に起きた一ドル＝一五〇円までの急激な円安はもはや通貨危機に映るが、周囲を見渡してもほとんどの日本人は危機感を抱いていない。「我関せず」といった態度だ。だが、このままあなたが日本円のみを持ち続けた場合、かなりの確率で極度の貧困状況に転落することになる。最悪のケースでは、冒頭のアルゼンチンのような状況にまで暗転するかもしれない。

そうなりたくなければ、まさに本書のタイトルである『ドル建て金持ち、円建て貧乏』を実践する必要がある。それは、具体的には通貨の分散のことで、たとえば外貨（主に米ドル）で収入を得るか、今ある円建ての資産を外貨建てに転換するかといった具合だ。

ところが、為替の話をすると「おいおい浅井さん、一ドル＝一五〇円に接近している今は、まさに利益確定（円転）の時じゃないか？」という質問が決まって飛んでくる。それはご指摘の通りだ。テクニカル的には、二〇二二年に始まった今回の円安トレンドは一ドル＝一五〇〜一六〇円をピークに一旦（円高へ）巻き戻しがあっても何ら不思議ではない。そういう意味では、確かにドルから円に換えるのに適当な時期だとも言える。

だが、私は「今、あせって利確（円転）しなくてもよい」というアドバイスを皆さんに送りたい。というのも、近い将来、〝財政インフレ〟という破滅的な円安が起こる可能性が極めて高いためだ。

二〇二二年に入ってからの円安トレンドの理由は、インフレ率の上昇による「日米金利差の拡大」、そしてエネルギー価格の高騰により膨らんだ日本の「貿易赤字」などが挙げられる。ところが中長期的に訪れるであろう円安は、「通貨の信認」に関わるものだ。これは、昨今の円安とは比べものにならないほど破滅的な現象を引き起こす。

前述したように、テクニカル的には目先で一旦、円高が発生しても不思議ではない。その際のピークは、一ドル＝一二二〜一二五円あたりだろうか。そしてそこで底打ちして、時をおかずして〝円安トレンド〟が再開する。一方で、一時的な円高が発生せずに、このまますずるずると円安が続くシナリオもあり得るので気を付けたい。

ちなみに、次の円高を占うとすれば、二つの危機がその原因として想定できる。一つは、先のアジア通貨危機やリーマン・ショックのような「世界的な経済危機が発生する事態」だ。世界的な経済危機は金利低下を誘発するため、一時的な円高トレンドが発生すると容易に想像できる。ただし、世界的な経済危機が起きたとしても、それを理由にアメリカがかつての〝ゼロ金利〟に復帰するようなことはまず考えられない。今後は、中長期的にインフレ率が高止まりしそうだからだ。そのため、こうしたシナリオが実現したとしても、過去に起きたような一ドル＝一〇〇円を割るような、極端な円高を心配する必要はない。

そして、もう一つ円高を発生させることになるであろう危機の候補は、「日本国債暴落（金利急騰）」だ。国債暴落（債券安）となれば、通貨安と株安を伴う「トリプル安」が連想されがちだが、ここ日本においては初期反応として「劇的な円高」が起こると考えられる。その詳細は後述するが、初期反応こそ円高が予想されるものの、結局は金利上昇によって日本の財政危機がクローズアップされることとなり、最終的には「通貨の信認が毀損する事態」に発展するはずだ。すなわち、国債暴落が起きた際の円相場は「急騰後に急落」する。

この円安トレンドは、破滅的だ。二〇二二年に始まった今回の円安トレンドをはるかにしのぐ通貨安が想定される。一ドル＝一八〇円、一ドル＝二〇〇円は序の口で、戦後の一ドル＝三六〇円へ回帰することさえ否定できない。冗談に聞こえるかもしれないが、もはや一ドル＝一〇〇〇円にまで暴落することも考えられる。その時期については、二〇二四～二六年までの間が濃厚だ。

繰り返し強調するが、通貨（中央銀行）の信認が棄損した際は、一晩でハイパーインフレが起こることがある。そうした未来を決して杞憂などとは侮ってはいけない。私は、円建ての資産をなるべく早めに複数の外貨へ分散することを強くお勧めする。

誰しも貧乏はしたくない。しかし、日本円しか持っていないという人には、そうした絶望的な未来が待ち受けている可能性が極めて高いのである。

円が安くなる「これだけの理由」

歴史が時に大きく旋回してきたのと同じく、相場にも必ず大きな転換点が存在する。そしてそれは、ある程度の周期性を持っていると考えられており、たとえば近代の日本経済は〝四〇年ごと〟に栄枯盛衰を繰り返してきた。

為替にも似たようなサイクルがあると私は信じており、直近で言うと変動相場制に移行した一九七一年から始まり、およそ四〇年にわたって続いてきた円高トレンドは二〇一一年に終焉したと見ている。そして二〇一一年を起点に、今度はおよそ四〇年にわたって円安トレンドが続くというのが私の見立てだ。ゴールは二〇五一年。かつて英エコノミスト誌の編集部は『Megachange（大激変）』と題した長期の調査予測の中で、「日本は、世界で最も悲惨な二〇五〇年を迎える」と断じた。まさにそうなっている可能性が高く、二〇五一年頃の為替は一ドル＝一〇〇〇円を超えていても不思議ではない。というよりも、その頃には（日本銀行が破綻して）、現行の日本円が紙キレとなって戦後のように「新円」が採用されていることも十二分にあり得る。

私は第二海援隊という株式会社を立ち上げてからというもの、経済トレンドの予測を生業としてきたが、常に「歴史（の普遍性）」や「長期サイクル」を重視してきた。極言すると、過去からしか未来は占えないと思っている。

そこで、大きな為替サイクルの中で今日の私たちがどの位置に立っているのかを説明したい。まずは、一八～一九ページのチャートをご覧いただこう。

日本円は、一九七一年の変動相場制への移行から長期の円高トレンドを形成

（プラザ合意後）のチャート

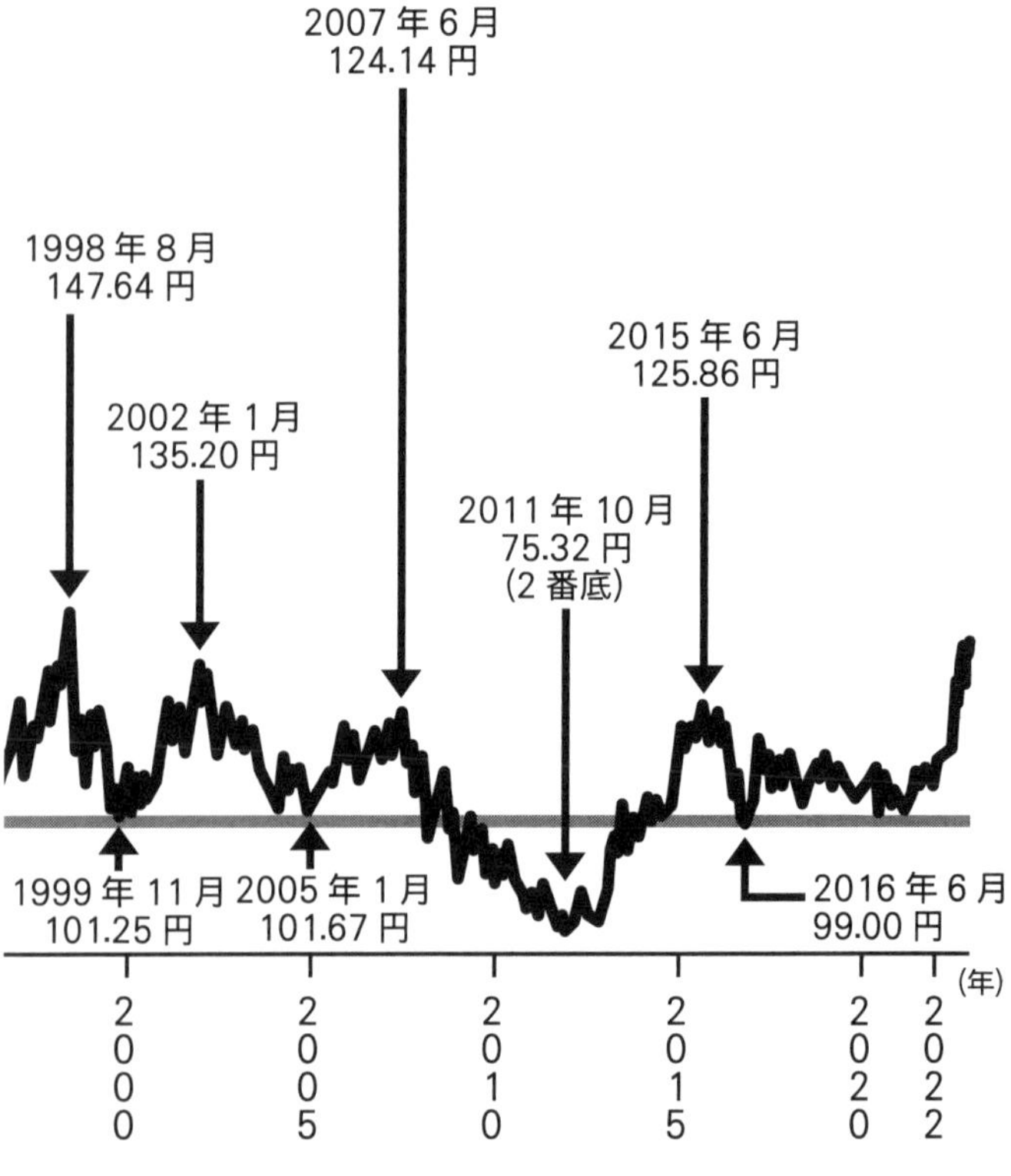
2007年6月
124.14円
1998年8月
147.64円
2015年6月
125.86円
2002年1月
135.20円
2011年10月
75.32円
(2番底)
1999年11月
101.25円
2005年1月
101.67円
2016年6月
99.00円
2000
2005
2010
2015
2020
2022
(年)

ドル／円変動相場制以降

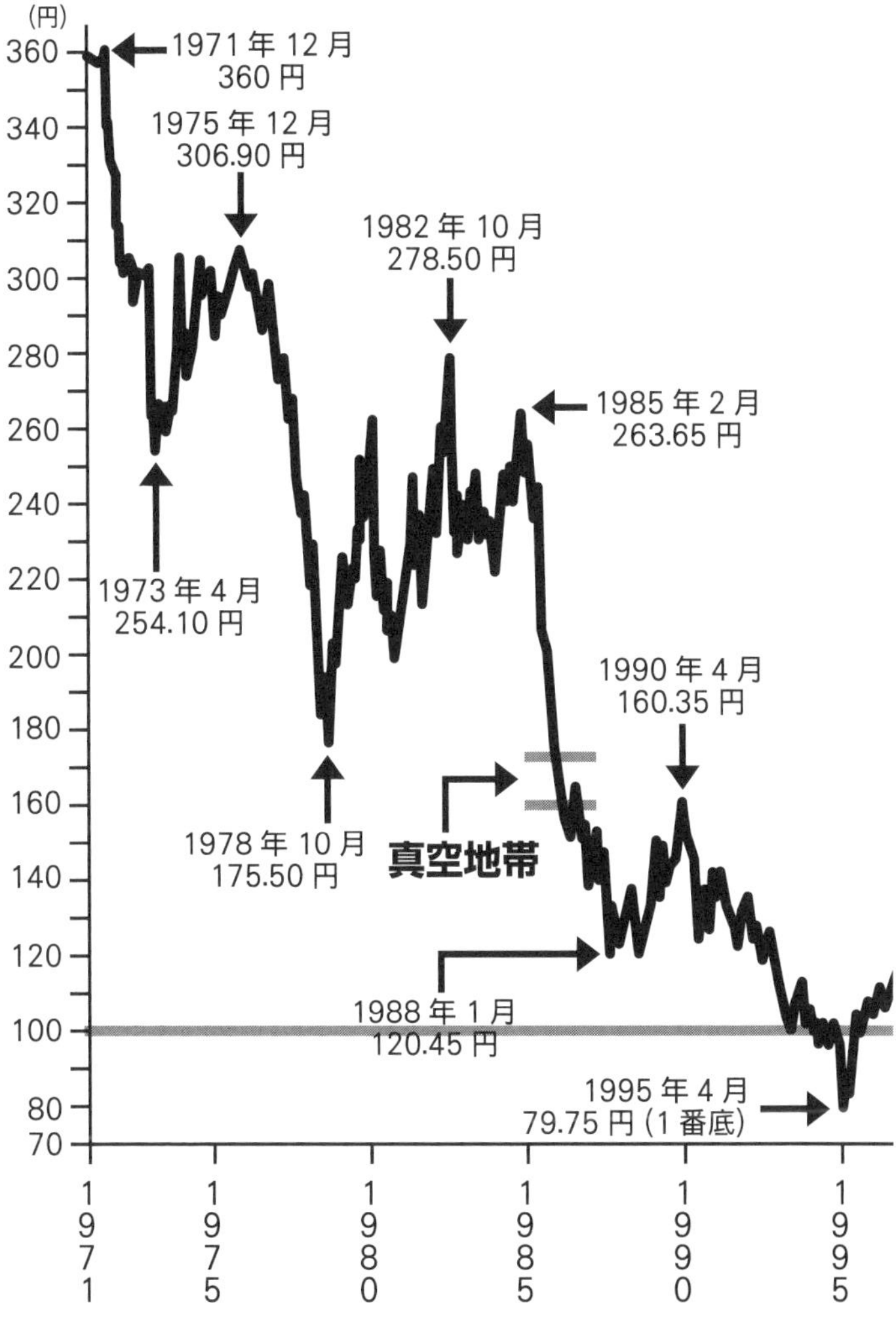
(円)
360
340
320
300
280
260
240
220
200
180
160
140
120
100
80
70
1971年12月
360円
1975年12月
306.90円
1982年10月
278.50円
1985年2月
263.65円
1973年4月
254.10円
1990年4月
160.35円
1978年10月
175.50円
真空地帯
1988年1月
120.45円
1995年4月
79.75円（1番底）
1971
1975
1980
1985
1990
1995

してきた。バブル崩壊後に一番底、そして二〇一一年の東日本大震災後に二番底を付けている。二〇一一年の「一ドル＝七五・三二円」が、いわゆる〝大底〟と呼ばれるものだ。ここを起点に、今後は長期的な円安トレンドが形成される可能性が極めて高い。

偶然にも、二〇一二年末の「アベノミクス始動」（正確には民主党から自民党への政権交代）が、円安トレンドの号砲になった。政府と日銀が正式に異次元緩和を打ち出した二〇一三年四月には、著名投資家のジョージ・ソロス氏が「円が雪崩のように暴落しかねない」（中央日報二〇一三年四月三〇日付）と警鐘を鳴らしている。そして、米ＣＮＢＣのインタビュアーが英ポンド危機を引き合いに出し「イングランド銀行の次は日銀を崩壊させるのですか？」と尋ねると、あざ笑いながらこう答えたのであった――「日銀こそが（日本を）崩壊させたいと思っているのでしょう」。

その警告からおよそ一〇年が経ち、直近では日銀と投機筋の攻防が激化している。日本には通貨防衛の手段が限られていることから、このままではいずれかの時点で投機筋が勝利し、ソロス氏が言う「雪崩のような円の暴落」が現実化してしまう恐れは強い。

さて、「為替」にも〝四〇年サイクル〟が確認できるが、それと同様に「アメリカの長期金利」にも〝四〇年サイクル〟が存在すると考えられる。

二三ページのチャートをご覧いただきたい。「世界の金利」と言われるアメリカの金利は、四〇年間を軸に大きく上下を繰り返していることがわかる。

アメリカの長期金利は、一九一八年前後の四％強で一度目のピークを付けた。そこから低下トレンドが始まり、一九四三年前後に金利は大底を付けている。すると一九五〇～七〇年代には金利が急騰し、一九八一～八二年に二度目のピークを付けた。そして、そこから四〇年間にわたる歴史的な「デフレ均衡（金利低下）」が始まったのである。

しかし、二〇二〇年のコロナショックの最中に、アメリカの長期金利はいよいよ大底を付けたようだ。アメリカの長期金利は二〇一六年七月六日に一番底（一・三二二％）を付け、二〇二〇年三月九日に「〇・四〇三％」で二番底を付けたことが確認できる。将来、この「〇・四〇三％」は、歴史の転換点として経済の教科書に載るはずだ。

すなわち、今はすでに〝長期の上昇トレンドの最中〟にある。アメリカの長期金利が上昇トレンドに突入したということは、言い方を変えると円安の長期トレンドが始まったということでもある。日本が債務問題を理由に利上げできない以上、日米の金利差は開きっぱなしとなってしまうのだ。これは、円安が定着するであろうことを意味する。

知っての通り、アフターコロナはインフレが世界を席巻した。すると、FRB（米連邦準備制度理事会）は利上げを積極化させ、二〇二二年一〇月二一日にアメリカの長期金利は「四・三二四％」を付けている。

世界経済は、およそ四〇年振りにデフレからインフレへの大転換を遂げたため、アメリカの長期金利は今後も高止まりするはずだ。それゆえ、リーマン・ショックやコロナショックのような経済危機が起きたとしても、アメリカの長期金利が再びゼロ付近にまで低下することはまず考えられない。すなわち、「長

アメリカの長期金利サイクル

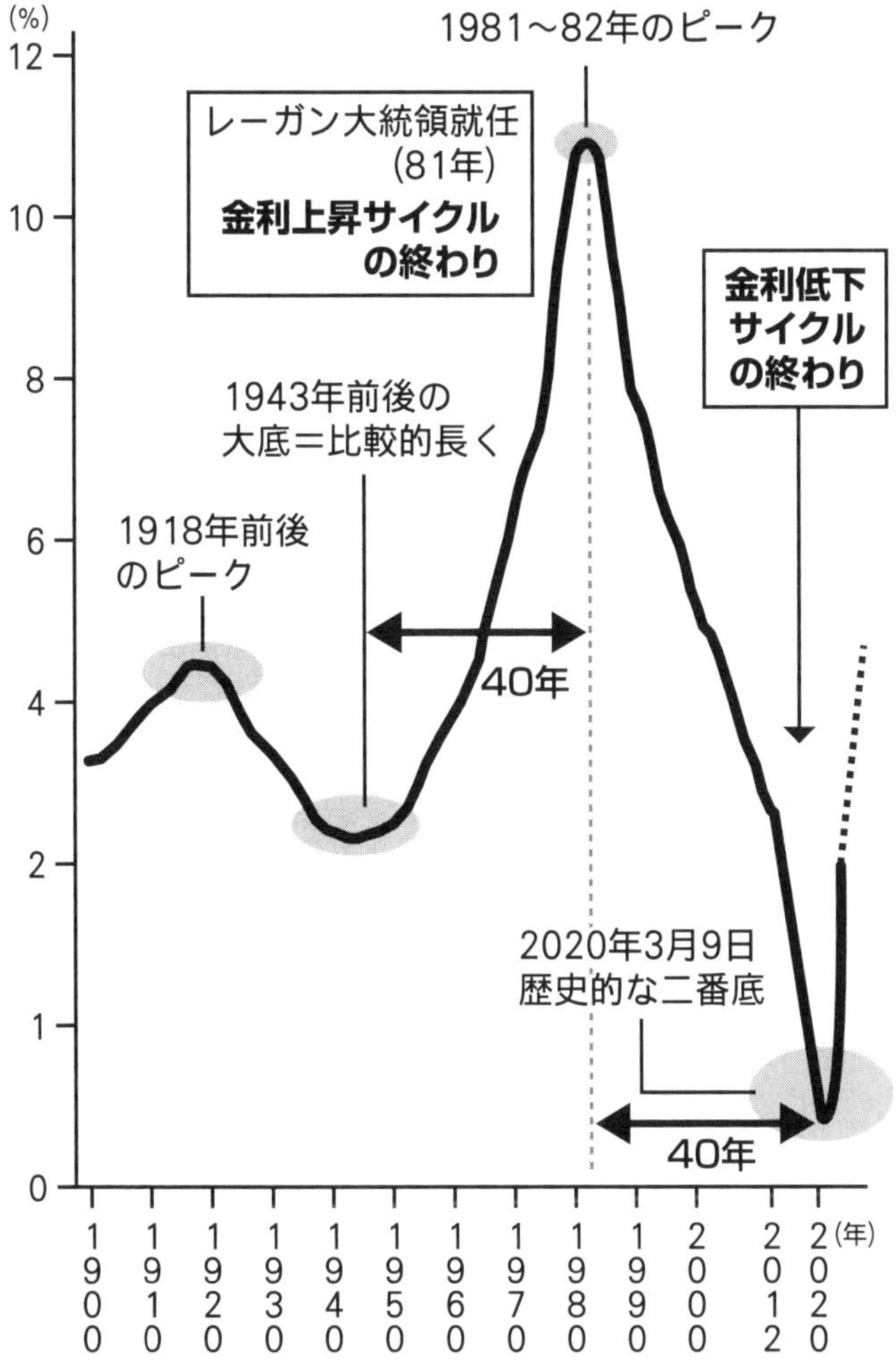

イェール大学ロバート・シラー教授、
三菱ＵＦＪモルガン・スタンレー証券のデータを基に作成

期金利の三番底はない」と言える。向こう数十年にわたってアメリカの長期金利は、高止まりすると思われ、そのレンジ（幅）は「二・五〜九％」と予想したい。対する日本の長期金利は、「〇・二五％」でペッグ（固定）されている。

こうした状況で趨勢的な円高トレンドの再開は、まず見込めない。むしろ心配すべきは、「雪崩のような円の暴落」の方だ。

前項において、「次の円高トレンド」が起こるとしたらその理由として「世界的な経済危機」を挙げたが、それでも「かつてのようにアメリカがゼロ金利に戻ったりすることはまず考えられない」と論じたのは、世界的な経済トレンドが「デフレからインフレに転換した」ということを根拠にしている。

「大変化の始まりだと言わざるを得ない」（ブルームバーグ二〇二一年六月七日付）——イギリスの金融街シティで「№１エコノミスト」の一人と称されるロジャー・ブートル氏は、パンデミックの最中、こう世界経済の大転換を予言していた。ブートル氏は、欧州最大の経済調査会社キャピタル・エコノミクスの創業者で、ジェームズ・ゴードン・ブラウン政権で独立系の経済アドバイザーを務めたことでも知られる。興味深いことにブートル氏は、一九九六年に『デフレの恐怖（原題：The Death of Inflation: Surviving and Thriving in the Zero Era)』を執筆、これは世界的なベストセラーとなった。そこには「何十年にもわたるインフレの時代が終わった」と書かれている。

世界的なデフレの到来を正確に予期したブートル氏が、今度は一転してインフレの到来を宣言したのである。「デフレの危険は去り、リスクは明らかに逆方向に傾斜している。どの程度の高インフレがどれくらいの期間続くかについては、議論の余地がある。しかし、大変化が起きたということについては、私自身はほぼ疑いの余地がないと考えている」（ブルームバーグ二〇二一年六月七日付）。結果的に、ブートル氏の予言は的中した。見事というほかない。

国際通貨基金（IMF）の元チーフエコノミストで『国家は破綻する』の共同執筆者としても知られるケネス・ロゴフ氏も、世界経済が「新たな時代」を迎えたと断じている。

このほど同氏は、「高インフレ」「高金利」「ドル高」という「三高の苦痛」に世界が見舞われると予想した。すなわち、二〇〇八年のリーマン・ショックから一〇年以上も続いた超低金利の時代が幕を下ろしたということである。

ところが、世界的にデフレ（ディスインフレ）が長く続いてきたためか、市場関係者の間では依然として「今のインフレはあくまでも一時的」との見方が支配的だ。しかし、一度でも放たれたインフレが早々に収まることはない。それは、歴史が証明している。

早い段階から、「アフターコロナはインフレになる」と警鐘を鳴らしてきたローレンス・サマーズ元米財務長官は、二〇二二年一〇月二七日自身のツイートで「（現在の）八％のインフレ率を低下させる展望は非常に暗いことを歴史は示唆している」とし、インフレ率が低下するというコンセンサス（意見の一致する）予想は、過去の実績から著しく逸脱していると述べた。

今後の人生をより良いものにするためにも、私たちは第一に世界経済のトレンドが大きく転換したことを強く意識する必要がある。「グローバル化の後退」（保護主的なトレンドの復活）、「労働市場のタイト化」（慢性的な人手不足）、

アメリカの消費者物価指数の変動

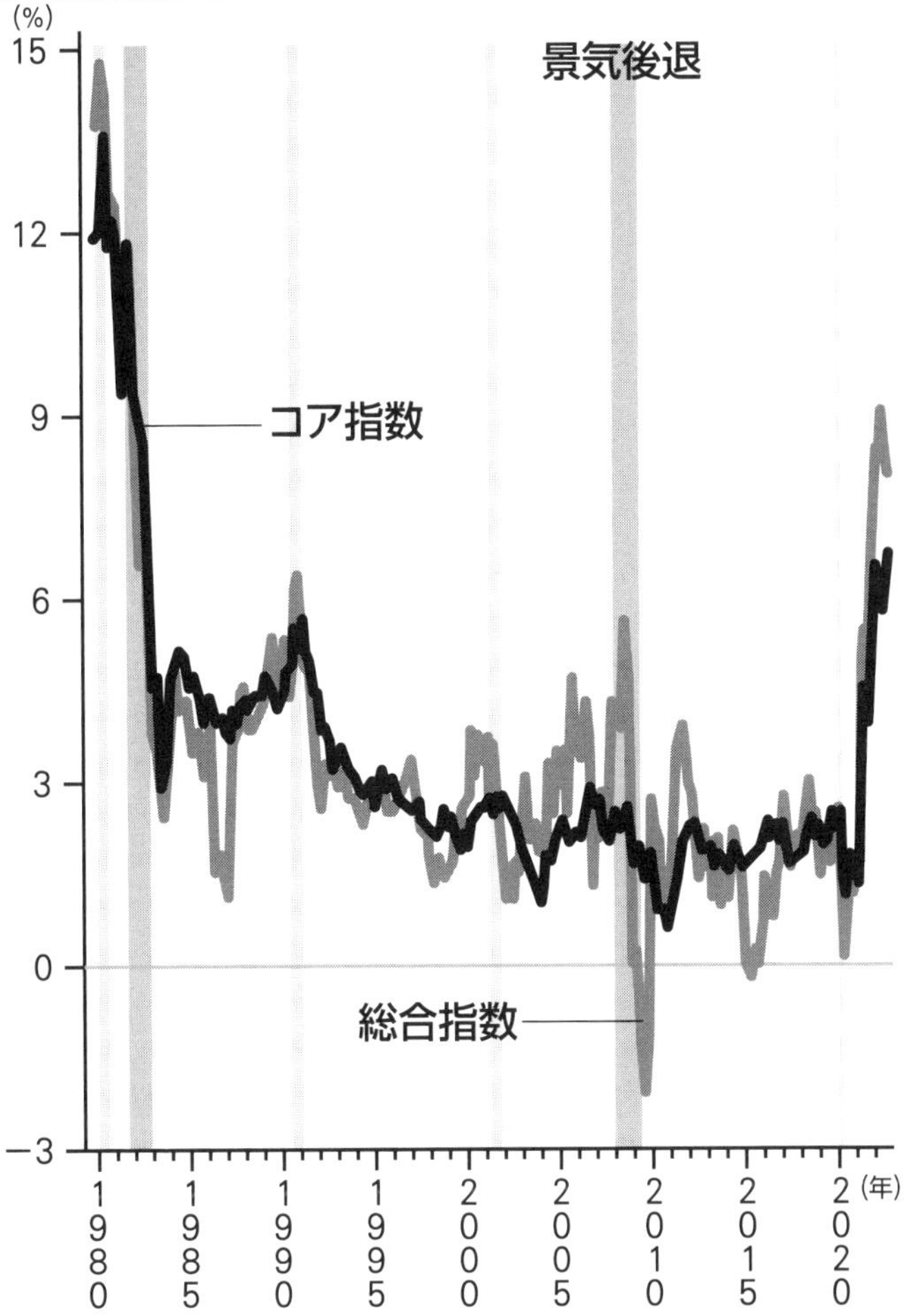

米労働省のデータを基に作成

「地政学的リスクの台頭」（第二次世界大戦以降で最も危険な情勢）、そして「世界中で増え続ける債務残高」（財政インフレ懸念）というトレンドは、明らかにインフレ率の高止まりを暗示しており、これらのトレンドが一過性である可能性は低い。どんなに低く見積もっても、二〇二〇年代はインフレの時代となるだろう。これからの世界経済に「高インフレ」「高金利」「通貨高（ドル高）」が定着するのであれば、債務問題を理由に利上げができない日本の置かれた立場は極めて危うい。常に、通貨危機の懸念が付きまとうことになるだろう。

通貨防衛の主な手段には「利上げ」「ドル売り／円買い」「資本規制」などが挙がるが、日本には事実上「利上げ」という選択肢は存在しない。利上げをすれば、政府の財政や金融システムに大きな動揺が走るからだ。投機筋もその辺の事情を理解しており、最近の彼らは安心して円を売っている。

ところで、長期のインフレ局面が訪れたとして、アメリカの「FFレート」（政策金利）は一体、どこまで上がるのだろうか。前回の例を参考にその辺を占ってみたい。前回、すなわち一九七〇年代のインフレ局面では、アメリカの政策金利は「一九・一％」まで引き上げられた。一九八一年一月のことである。ちなみにインフレ率のピークは、一九八〇年四月の「一四・六％」（前年同月比）であった。

アフターコロナのインフレ率のピークは、現在のところ二〇二二年六月に記録した「九・一％」（前年同月比）である。その後は徐々に低下しているが、本当に「九・一％」が今回の局面のピークであるかは後に振り返ってみないとわからない。インフレ率が再び上昇に転じ、二桁を超える可能性も十分にある。

二〇二二年九月時点のアメリカの政策金利は、「三・〇〜三・二五％」。これが二〇二二年末には、「四・二五〜四・五％」（もしくは四・五〜四・七五％）まで上がると市場では確実視されており、その辺をピークに早ければ二〇二三年にも利下げに転じるとの予想は多い。

しかし私に言わせれば、市場はインフレが定着する可能性をあまりに低く見積もっており、金利の先行きを見誤っている。なにしろ、すでにインフレの時代が始まっているのだ。そう仮定すると、アメリカの政策金利はいずれ「五〜

一〇%」くらいまで上昇しても不思議ではない。

著名ファンドマネジャーであるマーク・モビアス氏は、今回のインフレ局面で政策金利が三〇年振りの高水準である「九%」にまで上昇すると予想している。彼の予想は極めて大袈裟に聞こえるかもしれないが、パンデミックの最中にほとんどの人がインフレを予想できなかったことを思い出してほしい。あくまでもインフレの先行き次第だが、想像以上にアメリカの政策金利が引き上げられる可能性はある。

もし、モビアス氏の予想が現実のものとなれば、アメリカの政策金利「九%」に対し、日本の政策金利は「一（マイナス）〇・一%」であるため、日米金利差拡大の視点から大幅に円安が進むだろう。一ドル＝一六〇円など難なく突破し、一ドル＝一八〇〜二〇〇円のレンジに進入する公算が高い。その水準にまでなれば、完全に通貨危機の様相を呈するだろう。

二〇二二年一〇月一八日、ＦＸ（外国為替証拠金取引業者）世界最大手ＸＭでシニア・アナリストを務めるマリオス・ハジキリアコス氏は、米投資専門メディアのマーケット・ウォッチで「日本銀行は米連邦準備制度理事会（ＦＲＢ）など主要国の中央銀行が主導してきた緊縮ゲームに参加しなかった。これが円相場に衝撃を与えた」（中央日報二〇二二年一〇月一九日付）とし、こうした金利市場の力学関係は円が安全資産としての魅力を失うことになった理由の一つだと説明。そして「円が自由落下している。日本の通貨危機は雪だるま式に拡大し総体的な崩壊に突き進んでいる」（同前）と警鐘を鳴らした。

世界が高金利の時代を迎えたにも関わらず利上げできない日本の円は、もはや「安全資産」などと呼ぶにふさわしくない。むしろ、「不良資産」に変貌しつつあると言った方が適切である。

毎日新聞が実施した二〇二二年一〇月の世論調査では、円安が進む中で日銀の金融緩和政策について過半数の人が「変更すべきだ」と考えていることがわかった。調査では、「日銀の金融緩和政策について、どう思いますか」との問いに五五％が「見直すべきだ」、二二％が「続けるべきだ」、二二％が「分からない」と回答している。日銀の黒田東彦総裁は金融緩和を継続する考えを示しているが、円安と物価高に苦しむ国民から支持を失いつつあることは間違いない。

それでも、日銀が政策を変更することは、まずあり得ないだろう。それは債務問題があるからであり、日銀は金利を「上げない」のではなく、「上げられない」というのが本音ではないだろうか。

二〇二二年時点で日本の政府債務残高は、国内総生産（ＧＤＰ）比で約二五六％に達する。これでは、小幅な利上げでも日本政府が負担しなければならない利子は雪だるま式に膨らんでしまう。

また、日銀は国債の最大保有者だ。ブルームバーグのデータによると、日銀が保有する一〇年債（先物決済の受渡適格銘柄）の比率は、二〇二二年一〇月七日時点で六七％と二〇二一年末の五五％からさらに増えている。少しでも金利が上昇すれば、日銀が保有する国債に大きな評価損が発生してしまうため、おいそれとは利上げなどできない。

ここまで、世界経済の大きなサイクル（具体的な長期インフレの到来）や債務問題を根拠として「円が安くなる理由」を説明してきたが、実需の面でも日

日銀の10年物国債保有比率の推移

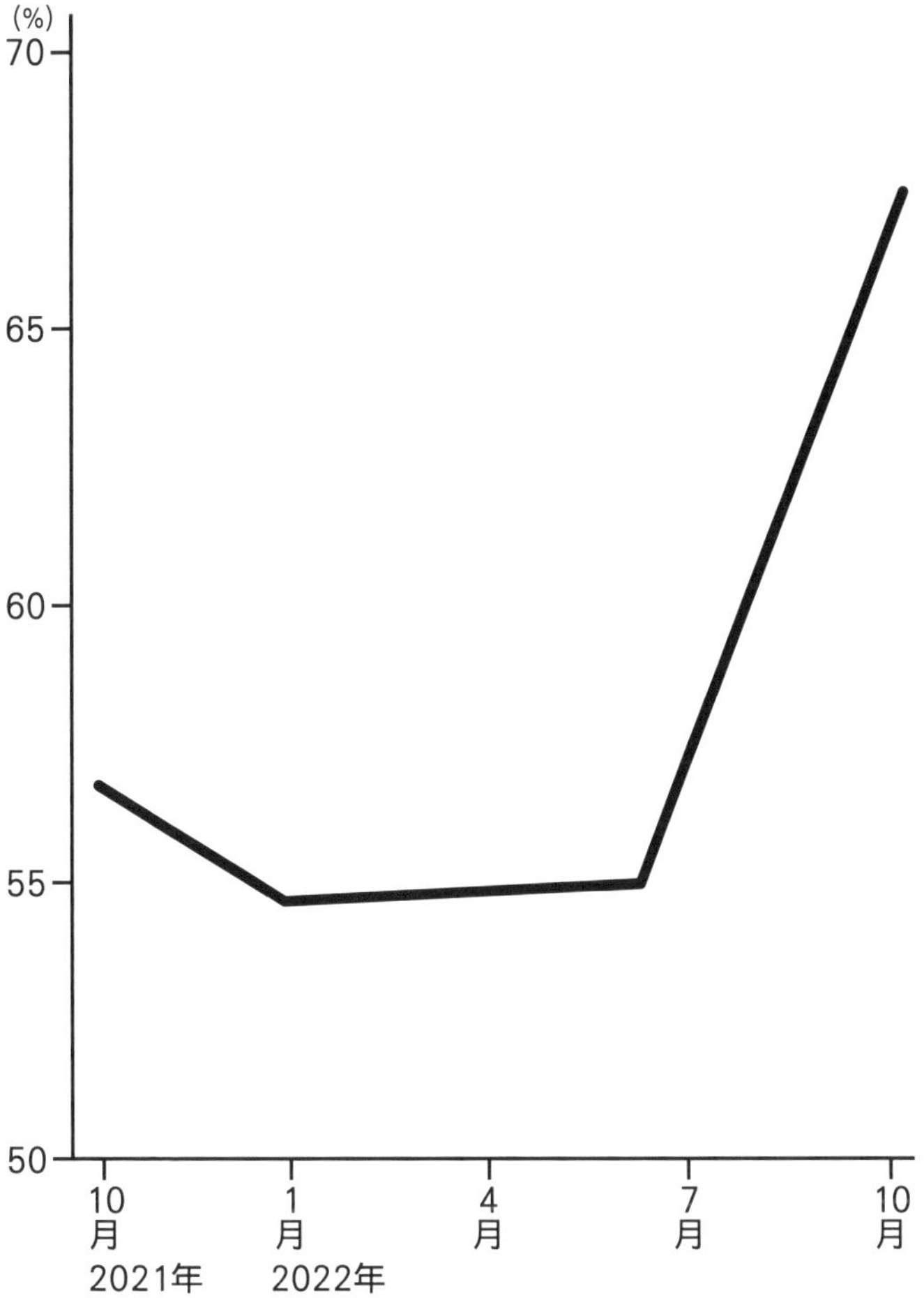

ブルームバーグ、日銀のデータを基に作成

本円を取り巻く環境は大きく変化しているのだ。「貿易赤字」が深刻化しているのだ。
二〇二二年度の上半期の貿易赤字は、同期間としては過去最高の一一兆円台に達し、通年では二〇兆円台に膨らむ可能性が高まっている。経常収支も二〇二二年七月と八月に季節調整済みで二ヵ月連続の赤字を記録した。このまま貿易赤字の拡大を放置した場合、どこかの時点で通年の経常収支も赤字になる恐れがある。

仮に、日本に「双子の赤字」（財政赤字と経常赤字）が定着するとなれば、日本円の信認に大きな影響をおよぼすことは避けられない。今まで一貫してきた日本の経常黒字は、日本円（および日本国債）の信認を高める方に大きく寄与してきただけに、経常赤字に転落した際のインパクトは計り知れないものがある。双子の赤字を背負う新興国では、国民のキャピタルフライト（資本逃避）がなかば常態化しているが、日本国民の間でもそうした動きが活発化する可能性は高い。そして、双子の赤字の出現によって「円安による輸入金額の増加→貿易赤字（経常赤字）の拡大→さらなる円安」という、スパイラル的な通貨安

積み上がる日本の債務残高

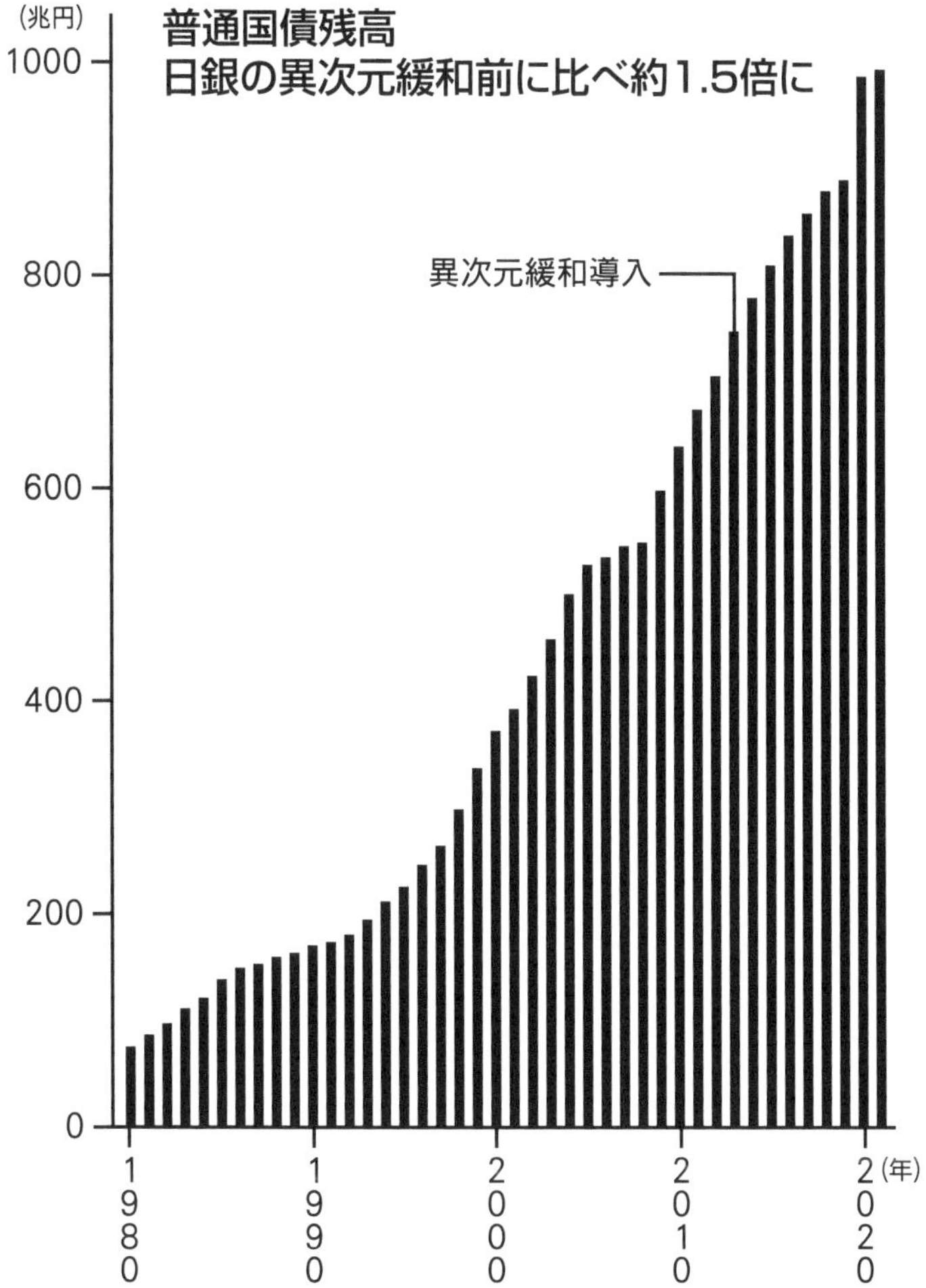

財務省のデータを基に作成
(20年度までは実績、21年度は補正後予算)

とインフレが発生する確率が高まる。

悠久の歴史をたどれば、価値の裏付けを発行元の信認にのみ依存する不換紙幣は、すべて〝紙キレ〟と化してきた。それでも第二次世界大戦以降は、国家の信認が高まり一部の新興国を除きほとんどの国が深刻な財政インフレを経験せずにすんでいる。とりわけ先進国の住民からすると、〝財政インフレ〟などはあくまでも遠い世界の話でしかなかった。しかし、そうした時代はいよいよ過ぎ去ろうとしている。中でも日本円が置かれている立場は危うい。私たちは、いよいよ財政インフレの時代が幕を開けたと認識する必要がある。

二〇〇八年のリーマン・ショックを的確に予見し、「ドクター・ドゥーム（破滅論者）」の異名を取る著名エコノミストのヌリエル・ルービニ氏は、インフレによる金利上昇と債務返済コスト増加に伴い、今後は「ゾンビ状態となった多くの機関や家庭、企業、銀行、シャドーバンク、さらには国が死を迎えることになる」（ブルームバーグ二〇二二年九月二二日付）と断じた。

日本人にとってドキッとする発言である。何を隠そう、低金利に依存しきった（低金利でないと生きられない）ゾンビ国の筆頭候補は、ここ日本なのだ。しかし、ほとんどの人はそんなことなどまったく気にしていない。まさにぬるま湯に浸《つ》かった状態だが、日本円の不良資産化は〝待ったなし〟である。

その時、円は急騰してから「紙キレ」に

「日本国債で起きているバブルがやがて崩壊する可能性がある」（ロイター二〇二二年九月二一日付）――シンガポールを拠点とするアジア・ジェネシス・マクロ・ファンド、そして香港を拠点とするホン・インベストメント・アドバイザーズは、日本国債が急落する事態に備えていることを明かした。本章の冒頭で、次に円高を発生させることになるであろう危機の候補として私は、「日本国債暴落（金利急騰）」を挙げたが、面白いことに彼らも日本国債が暴落した際に円が急騰すると予想している。

私の読者であれば、「トリプル安」という言葉を一度は耳にしたことがあるは

ずだ。これは、いわゆる財政危機の際の「債券安」「株安」「通貨安」のことを指す。しかし、現実的な視点で言うと日本国債が暴落した時の初期反応は円の急騰である可能性が高い。とはいえ、この円の急騰はあくまでも一時的なものになるだろう。その後は、時をおかずして破滅的な円安に発展するはずだ。

なぜ国債暴落の初期反応が円高になるのかというと、一つには「日米金利差の縮小」が挙げられる。これは、単純に日本の金利が上昇するため日米の金利差が縮小に転じるというものだ。

もう一つの理由には、「円キャリー・トレードの巻き戻し」が挙げられる。このキャリー・トレードとは、低金利通貨を調達して高金利通貨で運用する手法のことだ。現在の日本円のような突出した低金利で借りることができる通貨は、資金調達通貨としての性格を帯びる。しかし国債暴落となれば、こうしたキャリー・トレードの急速な巻き戻しを発生させ、それが一時的にせよ円を急騰させる方向に作用するのだ。

三つ目の理由として、「日本が世界最大の債権国」だということが挙げられる。

各国の政策金利の推移

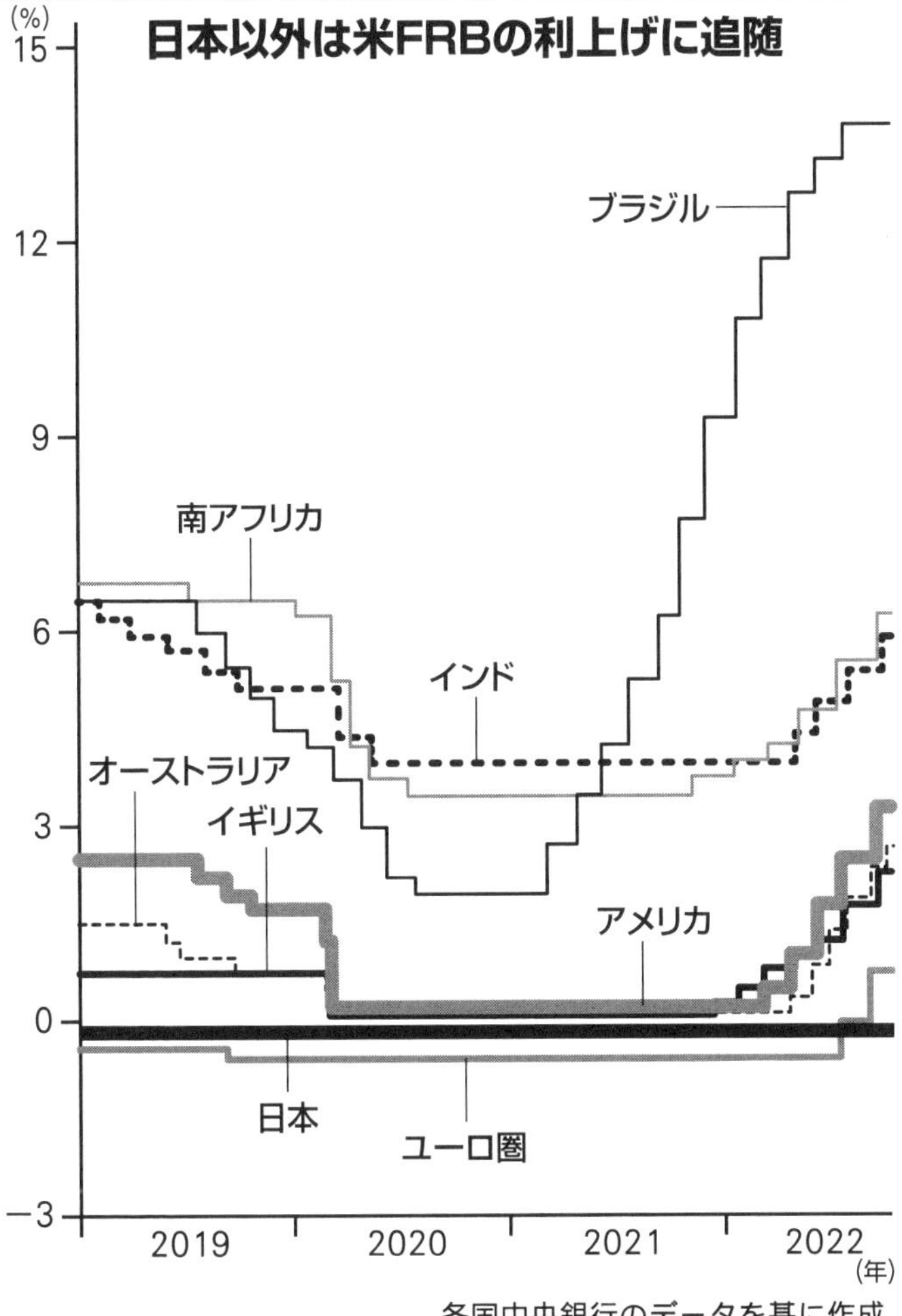

各国中央銀行のデータを基に作成

日銀が二〇二二年六月に発表した国際決済銀行（ＢＩＳ）の統計によると、二〇二二年三月末の邦銀の国際与信残高は五兆二一六億ドル（約七〇三兆円）と、二〇二一年末から一一五一億ドル増加し、過去最高を記録した。

ただし、直近の二〇二二年六月末には四兆六二四八億ドル（約六四七・五兆円）と三月末から三八六七億ドルの減少している。これは、アメリカで金利が上昇したために邦銀が進んで米国債を売却したためだ。

日本国債が急落した際、邦銀が持っているこの大量の債券が売りに出されるのではないかと世界中の市場関係者が不安視している。国内金融機関は四〇〇兆円弱の日本国債を保有しており、国債が急落すれば自ずと莫大な評価損が出るため、（銀行は時価会計であり）その損失を補填するために大量の債券を売り払うのではないかというわけだ。

二〇二二年一〇月一九日付のニューヨーク・タイムズは、イギリスの混乱の次に世界経済をメルトダウン（炉心溶融）させかねないリスクとして、日本の金融政策の変更（すなわち国債の下落）を挙げている。

円が安くなるこれだけの理由

世界経済の
デフレからインフレへの大転換

世界に「高インフレ」
「高金利」「通貨高」が定着

大きな為替サイクルも
円安の方向

日本は債務問題を理由に
利上げ（による通貨防衛が）
できない

貿易赤字の拡大
（経常赤字への転落も）

低金利に依存しきった
ゾンビ国家の死

「日本は米国債の最大の買い手の一つだが、その日本の中央銀行は他国と違って低金利政策を続けているため、日本の通貨は急速に価値を失っている。その結果、仮に日本が政策を翻し、米国債の購入をやめたり、さらには米国債を売却する側に回ったりすれば、米国の債券市場にも悪い影響が広がるおそれがある。日本は政策を転換するつもりはないというシグナルを発しているものの、ウォールストリートには日本の政策転換をリスク要因と指摘する声もある」(ニューヨーク・タイムズ二〇二二年一〇月一九日付)。

「アフターコロナはインフレになる」とパンデミックの最中から的確に予期していたローレンス・サマーズ元米財務長官も、次なる世界経済危機の震源地がここ日本になる可能性を警告した。同氏は二〇二二年九月二九日のブルームバーグTVで世界経済が直面している一連のリスクの中でとりわけ注視すべき点として「現在の日本の政策に内在する緊張」をピックアップし、「日本の投資家が世界中の債券を『大量に保有』している点に留意が必要だ」と邦銀が債券を投げ売りする事態を懸念している。

元ゴールドマン・サックス・グループのエコノミストで現在は投資会社ノーザン・グリットストーン会長のジム・オニール氏も、日銀が実施しているＹＣＣ（イールドカーブ・コントロール：必要なだけ国債を売買する）について、「プログラムの規模や歴史、日本国債の低利回り、円安といった明白な理由から、突然の放棄があれば国内的にも世界的にも大混乱をもたらす恐れがある」（ブルームバーグ二〇二二年一〇月二一日付）と指摘する。

多くの識者が懸念しているように、日銀がＹＣＣを撤廃した際の衝撃は、先のリーマン・ショックをも上回る〝超ド級〟のものになる可能性が高い。

ＹＣＣ撤廃は、即座に日本政府、日銀、邦銀のすべてを窮地に追いやる。みずほ証券の丹治倫敦チーフ債券ストラテジストによると、ＹＣＣが撤廃されれば長期金利は少なくとも〇・六％前後にまで上昇し、場合によっては一％超にまで急騰する見込みだ。

また、日銀のデータに基づいたブルームバーグの計算によれば、ＹＣＣ転換によって国債イールドカーブ全体が一％上振れした場合、日銀は二九兆円の含み損を抱えることになる。日銀の含み損に加え、約四〇〇兆円もの日本国債を保有する国内金融機関にも莫大な含み損が出る。日銀は簿価会計であり、なんとか言い訳を取り繕うかもしれないが、市中の銀行は時価会計だ。多くの邦銀はただちに経営不安に見舞われるだろう。それゆえ、国債暴落によってこの国はまさに一巻の終わりなのだ。

「莫大な評価損を抱えた日本の金融機関が、その損失を埋めるために大量に保有する世界の債券を売る。そうなれば、自ずと世界的に金利が急騰し、長らく続いてきた世界の債券バブルが崩壊する」――これが一部の悲観論者の描くシナリオだ。

極めて危機的な状況だが、それでも日本国債暴落の初期反応は円高になると思われる。しかし金利上昇に歯止めが掛からなければ、市場の動揺を鎮静化させるため日銀は再び制限のない国債購入に動くはずだ。こうすると、金利は安定に向かう。しかし同時に、「日銀に出口はない」ことが完全に判明する。そのため、その後は〝大いなる円安トレンド〟が発生する可能性が高い。

逆説的に言うと、ＹＣＣの修正もしくは撤廃はそれこそ〝超ド級〟の混乱を誘発するため、そもそも日銀が政策を変更することはあり得ないとも考えられる。市場関係者の間では、二〇二三年四月に日銀総裁が交代した後の緩和修正観測が相変わらず根強い。しかし私は、こうした理由からもはや日銀に出口など存在しないと見ている。日銀は金融緩和を半永久的に続けざるを得ず、日本人は減価する円と運命を共にしなくてはならないというのが、私の出した〝最終結論〟だ。

「ドル建て金持ち」を目指す以外に選択肢はない‼

ここまで読んでもらえれば、なぜ円がこの先も安くなるのかが十分おわかりになったのではなかろうか。バブル崩壊の前後から一貫して円高に苦しんできた日本の立場からすると、二〇二二年の一ドル＝一五〇円など想像を絶する水準であり、「放っておけば、またすぐ円高に戻る」と考えたくもなる。

しかし、今まで説明してきたように長期の円安トレンドがすでに始まってしまったのだ。一時的な円高は別にすると、長期トレンドとしての円高が早々に復活する見込みはまずない。もちろん、相場というのはジグザグに動く（基本的に一方通行はあり得ない）。そのため、今後も円高と円安を行ったり来たりすることになるだろうが、年を追うごとにそのレンジ（値幅）はどんどん円安方向へと水準を切り下げて行くはずだ。

テクニカル分析（主にカギ足チャート）と、私の感覚に基づく今後のドル／円レンジは以下のようになる。

- 二〇二二年は一ドル＝一一五〜一五二円
- 二〇二三年は一ドル＝一二五〜一六〇円
- 二〇二四年は一ドル＝一五〇〜一八〇円
- 二〇二五年は一ドル＝一八〇〜二六〇円（通貨危機そして資本規制に注意）
- 二〇二六〜三五年は一ドル＝二〇〇〜一〇〇〇円

繰り返し強調するが、私たちはこれから長きにわたって壮大な円安トレンドに身を置かなければならない。このことを強く意識・警戒すべきである。少なくとも向こう一〇年は、短期的な円高が起きた際にそれが（長期トレンドへの）転換点などと見誤らないよう注意したい。むしろ、そのような短期的な円高は総じて「ドル買いの機会（チャンス）」ととらえるべきだ。通貨危機に苦しむロシアやアルゼンチン、そしてトルコなどを見る限り、助かるのはせっせとドル預金に励んでいた人たちだけである。

通貨安が進行する過程では「資本規制」や「固定相場制」が導入されることも想定しておきたい。特に資本規制が導入されると、外貨の購入や保有が困難になり、円安による購買力の低下を甘受しなければならなくなる。そうした状況下で購買力を維持できるのは、海外に外貨建ての資産を持っている者だけだ。だからこそ、私はかねてから（危機が起きていない今のうちに）海外で外貨建ての資産を保有することを強く推奨してきた。

私が懇意にしている米ヘイマン・キャピタル・マネジメントのカイル・バス氏は以前、「日本円の購買力（すなわち円の価値）が最大のバブル」と喝破した。

急速に円安が進んだことで、彼の言ったことは正しかったことが証明された。

二〇二二年九月現在、海外通貨に対する日本円の総合的な実力を示す実質実効為替レートは、過去最低水準にまで落ち込んだ。日銀が公表した二〇二二年九月の実質実効為替レートは、「五七・九五」と一九七〇年九月の「五七・六四」以来の低水準となっている。

国内にいるとあまり気付かないかもしれないが、日本円の購買力はこの一〇年間で半減した。一〇年前には一万円あれば一三二ドル相当のものが買えたが、現在では六七ドル相当にしかならない。

それでも日本人の給与が上がり続けていれば、為替レートによる購買力低下を減殺できる。ところが、日本人の給与は過去二〇年でほとんど上がっていない。二〇〇〇年には、円高のおかげもあって日本人の国民所得は世界二位（三万九一七三ドル）まで上がった。その当時、お隣の韓国の国民所得は日本の三分の一程度（一万二二六三ドル）しかなかったが、それから二〇年が経った現在、韓国の所得は三倍（三万三八〇一ドル）にまで増えている。その間の日本

カイル・バス氏（右）と久し振りの再会を喜ぶ著者。バス氏は 10 年前に会った時から日銀の国債買い入れと円安について私に警告してくれていた（2022 年４月アメリカ・ダラスのバス氏のオフィスにて）。

人の給与は、デフレの影響でわずか一六七ドルしか増えていない。

ブルームバーグのコラムニストであるリーディー・ガロウド氏は、「日本のメガバンクより高給、米バーガー店勤務」（二〇二二年一一月一日付）と題して以下のように伝えた。


一八四〇年代、富を築こうとする何万人もの移民が金（ゴールド）を求めてカリフォルニア州に殺到した。次に同州に引き付けられるのはファストフードチェーンで働きたい日本の若者かもしれない。

新しい法律によってカリフォルニア州のファストフード店で働く人の時給は近く二二ドルになる可能性がある。これは今のレートで三三〇〇円付近で、日本の最低賃金の三倍以上だ。

米ファストフード店で週四〇時間働いた場合の月額は、日本で一流大学を出てメガバンクに就職した人が期待できる初任給の二倍になる。

日本のメディアのあるキャスターは、これでは日本で働くのがばかば

円の実質実効為替レート

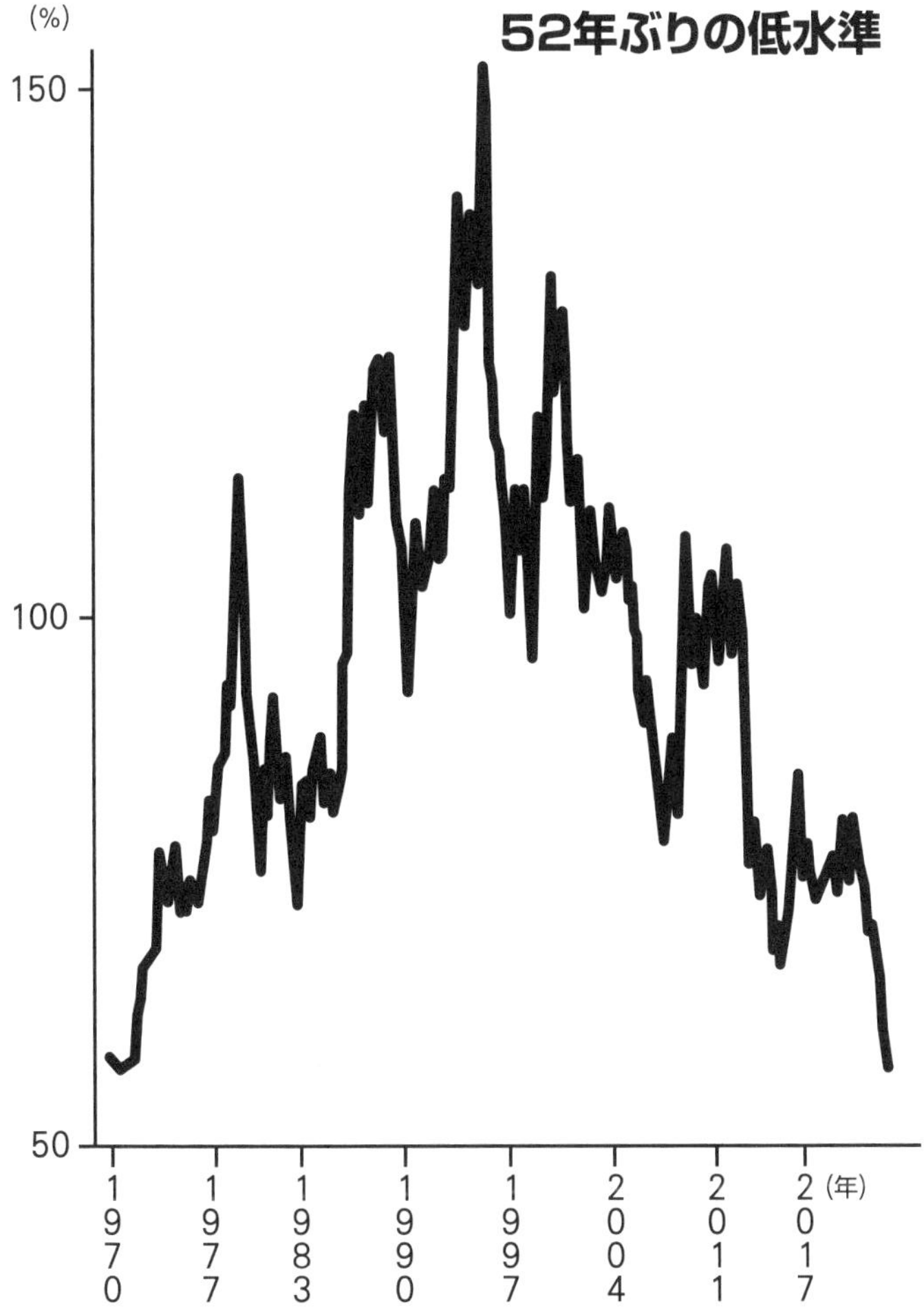

日本銀行、国際決済銀行のデータを基に作成

かしく見えるとコメントした。

（ブルームバーグ二〇二二年一一月一日付）

ドル建てのＧＤＰ（国内総生産）も、相当縮小している。世界銀行のデータによると、アベノミクス初期の二〇一二年に六兆二〇〇〇億ドルだった日本の名目ＧＤＰは、パンデミック前の二〇一九年までに五兆八二〇〇億ドルと二〇％近くも減少した。さらに円安も加わった二〇二二年のＧＤＰは、一ドル＝一四〇円換算で三兆九〇〇〇億ドルと、約三〇年振りに四兆ドルを割る見込みとなっている。当然ながら一ドル＝一五〇円で換算すれば、この数字はさらに少なくなる。

一人当たりＧＤＰの低迷も深刻だ。国際通貨基金（ＩＭＦ）によると、日本の一人当たりの名目ＧＤＰは日本経済がピークにあった一九九五年の四万四二一〇ドルから二〇二二年には三万四三六〇ドル（予測）まで減少している。一九九五年には一万二五七〇ドルしかなかったお隣の韓国の一人当たりＧＤＰは、

主要国の平均年間賃金（購買力平価）の推移

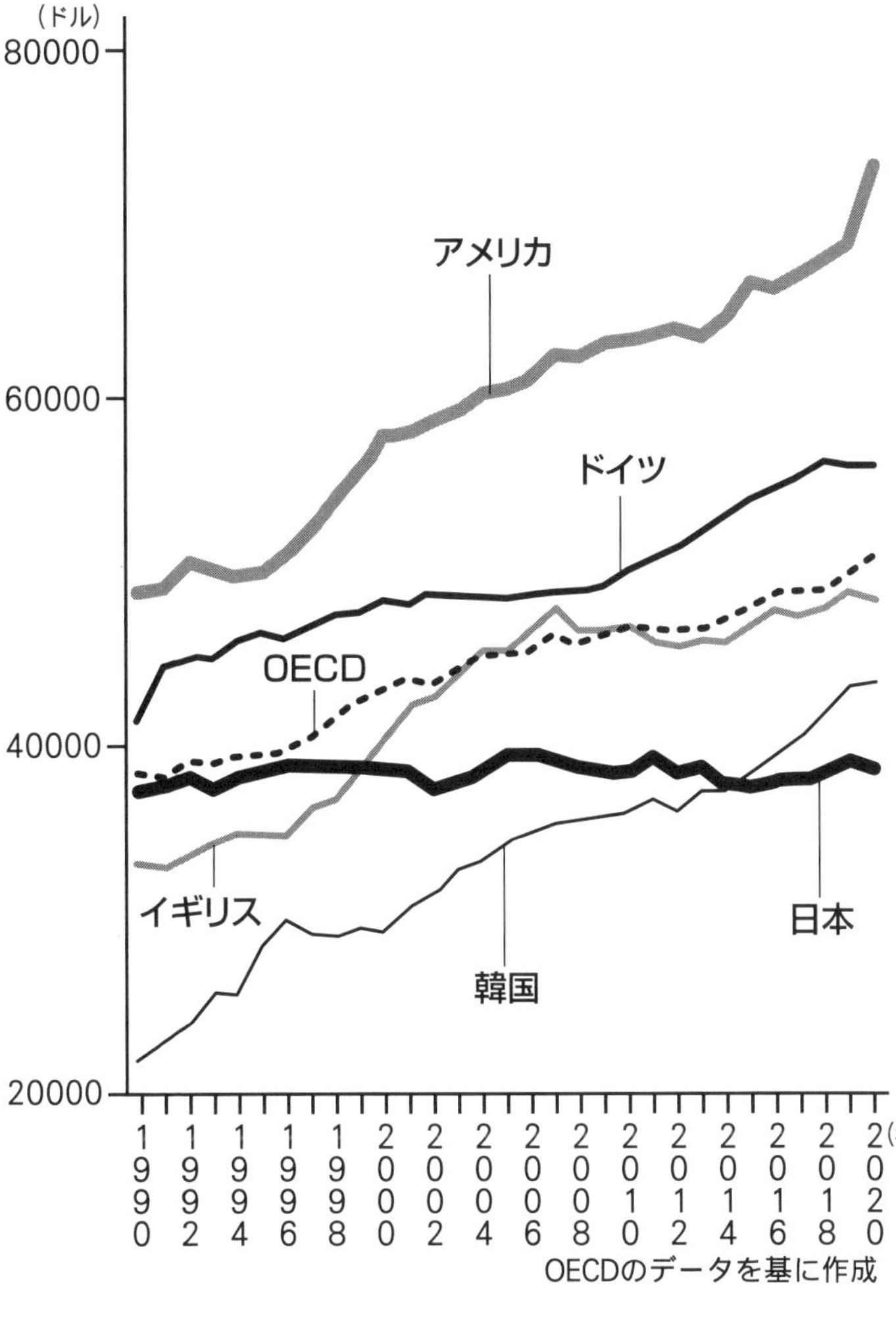

OECDのデータを基に作成

二〇二二年に三万三五九〇ドルまで増加。日本を追い抜くのは時間の問題だ。ちなみに、日本は台湾にも抜かれている（台湾の一人当たりＧＤＰは三万五五一〇ドル）。

ドル建ての一連の指標は、為替に大きな影響を受けるため現実を反映していないとの指摘は少なくない。それでも過去数十年の日本経済の縮小振りは、目を覆うばかりである。今後も円安が続いて行けば（そしてその可能性は高い）、日本の弟分のような存在であったアジアの国々にまで、豊かさで追い越されかねない。

今のところ、日本国内の物価水準が諸外国と比べて低いため、給与の上がらない日本人でもそれなりの生活ができている。しかし、すでに始まっている値上げラッシュを見てもわかるように、今後はその限りではない。持続的な円安による輸入インフレは、私たちの生活を確実に脅かす。

みずほリサーチ＆テクノロジーズの試算によると、一ドル＝一五〇円が続いた場合、平均為替レートが一ドル＝一〇九円だった二〇二一年と比べて一世帯

主要国のGDP成長率の推移

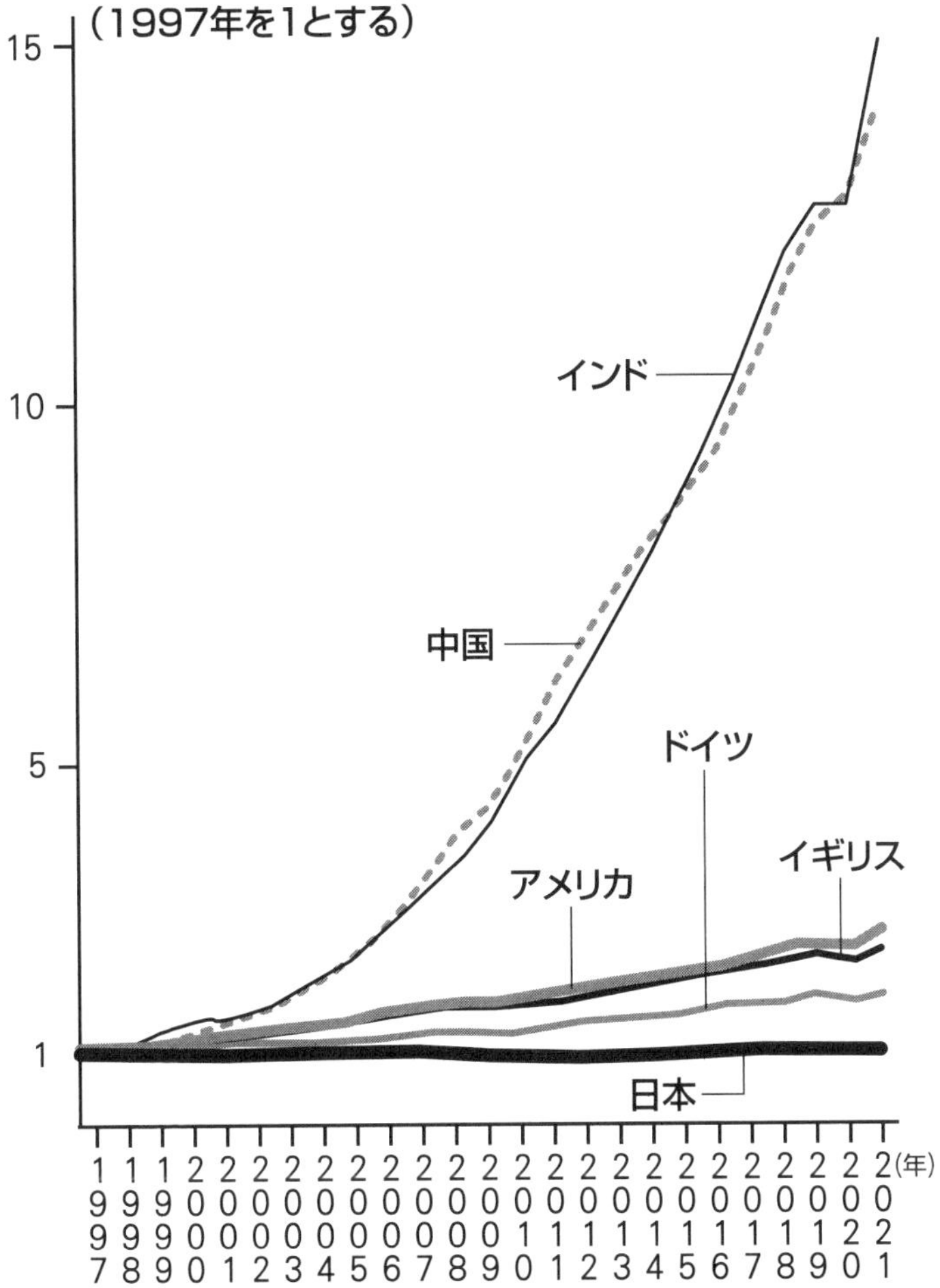

IMF WORLD ECONOMIC OUTLOOKのデータを基に作成

当たり年間八万六〇〇〇円ほど家計負担が増える。一ドル＝二〇〇円になればその倍、二〇万円近い負担増となる計算だ。ただし実感としての物価高は、この試算を遥かにしのぐものとなるだろう。

この過程で通貨危機など起きようものなら、日本円の購買力に壊滅的な被害がおよぶはずだ。日本円しか持っていない多くの国民は、想像を絶する困窮に直面する。最悪のケースでは、新興国の水準にまで転落しかねない。

そうならないためには、個人レベルでの対策が必須となる。まさに今は、それを実行する最後のチャンスだ。まずは本書をしっかりと読み込み、内容を頭に叩き込み、そしてそれをなるべく早い段階で実行に移すことが肝要である。昨今の状況を鑑みると、残された時間はあなたが思っている以上に少ないかもしれない。

第二章　国が破産したら、一ドル＝一〇〇〇円もあり得る

ビッグマックが六〇〇〇円!?

「月に一度おめかしして、マクドナルドで外食することが何よりの贅沢になる」、と言ったらあなたは笑うだろうか。しかし恐ろしいことに、将来の日本においてそれはまったく絵空事ではないのである。

久方振りのマクドナルドで注文するのは看板メニューの一つであるビッグマック、その時の支払いは約六〇〇〇円、ポテトとコーラを付けてセットにすると一万円でおつりがほとんどない。家族三人で食事をしたとすると、お支払いは三万円。今の感覚であれば、ちょっとしたビストロフレンチでディナーのコース料理を頼んだ時と同じくらいの料金である。

なぜ、このようになってしまうのか。それは日本が間もなく国家破産によって極端な円安に見舞われるからだ。その時、想定しておくべき為替レートは一ドル＝一〇〇〇円以上。もちろん、物価もそれに応じて上昇しているわけだ。

現在、アメリカでビッグマックの値段は五・八ドルほどだから、そのレートで日本円に直すと約六〇〇〇円である。先ほどのマクドナルドでの食事風景は、現実に起こり得るのである。

ところで、このような円安の状態に陥った際にマクドナルドで一万円のビッグマックセットを注文できるのは、間違いなく一部の限られた富裕層だけであろう。なにせ、持っている円の額は変わらないのだから、これまで庶民の食事の代表格であったマクドナルドが、一躍富裕層の食事の代名詞になってしまうわけである。

では、マクドナルドのような外資系の飲食店でなければ、為替は関係なく値段が上昇していないかと言えば、決してそうではない。多少の差は生じているだろうが、マクドナルドでの食事が高くなれば、ほかの牛丼屋やうどん屋、そば屋などの普段サラリーマンが昼食をとっているお店でも大幅に値段が上がっているに違いない。日本の物価全体が値上がりしているわけで、ちょっとしたお店で外食しようとすると、今と比べて三倍、四倍、あるいは一〇倍の支払いを求められることだろう。

このように円の価値が驚くほど低下して行く中で、一般の日本人はかなり厳しい生活に転落せざるを得ない。国が破産した時、いわゆる国家破産時において為替がどのように動いて行くのか、国家破産時には何が起きるのか。早速、この章で解説して行くことにしよう。

円安による一時的な景気の上昇に騙されるな

私が長年にわたって警鐘を鳴らしている国家破産においては、前兆はインフレ、つまり通貨安（＝輸入インフレ）から始まる。逆に、自国の通貨を使っている国でインフレが起きずに国家破産に陥った例は聞いたことがない。何の前触れもなく、ある日突然国家破産がやってくることなどあり得ないのだ。

かつての海外のインタビューなどで国家破産を経験した方の中には、感覚として〝ある日突然〟と表現する方はいたが、それは実際に目の前に来ていた兆候に気付かなかっただけである。そう考えると、今起き始めているインフレは、本当に恐ろしいことであることをもっと深刻に受け止めるべきであろう。

円安によるインフレがどんどん進んでいる今の状態は、国家破産がまさにそこまで近付いているという証拠なのである。三二年振りの円安と言われて、ずいぶん昔のバブルの良き時代を懐かしむかのように感慨に耽《ふけ》っている場合ではないのだ。今回の円安が国家破産の前兆とすれば、ここで対策を打たないと後で死ぬほどの目に遭うことは間違いない。

そこで、今後の為替の動きを予測しておこう。一五〇円台まで急激に円安になったドル／円は、おそらく一旦は落ち着いて今度は円高方向に振れるだろう。チャート分析の専門家の話では、その時ドル／円は一ドル＝一二二円くらいまで円高が進んでも何の不思議もないという。これは短期的な巻き戻しだから、ひょっとするとこの円高は、早ければ二〇二三年頃にはすでに起きているかもしれない。

そのような短期的な円高への戻しがあれば、それは絶好のドル買いのチャンスである。〝最後のチャンス〟と言ってもよいくらいだ。おそらく、その後ほどなくして再び円安に反転することとなり、そうなれば二度と大きく円高に戻すことはないだろう。今度は、どんどん円安になる地獄の片道切符を掴まされた状態となるはずだ。

国家破産はインフレ・通貨安を経由するわけだが、その過程において景気がふわっと上向くことがある。これは大病を患った患者が小康状態に至り、病院のベッドに寝たきりだったのが一時的に退院までこぎ着けた状態に似ている。

しかし、その時に注意しなければいけないことは、病気は完治しておらず、好転したどころかむしろ末期状態であるという点だ。すでに手遅れの状態なわけなのだが、少し元気に見えるということで外出が認められただけである。

このような末期の段階における小康状態が、人間だけでなく国家破産を迎える国でも起こり得るのかと言えば、実際にその例がある。第一次世界大戦後においてハイパーインフレを経験したドイツでは、まさにそうした事態が発生しているのだ。

第一次世界大戦が始まったのは、一九一四年六月二八日のサラエボ事件がきっかけであった。この頃から、ドイツではすでにインフレが始まっていた。戦費調達のために、当時のドイツの中央銀行であるライヒスバンクが紙幣を輪転機で増発していたのである。そのため、ドイツではインフレがどんどん進んで行ったのだが、その初期の頃はこのインフレは心地良いととらえられていた。インフレで通貨マルクの価値が下がり、輸出企業が潤ったためである。経済が活性化し、失業率は低下、企業業績が良くなったのだ。そしてインフレ対策として株式投資に注目が集まり、一時的に株式投資がブームになったのである。

しかし、その後のドイツを待っていたのは、さらに明るい未来ではなかった。戦中の情報統制により株式市場は閉鎖され、戦後敗戦国としてヴェルサイユ条約で巨額の賠償金を背負わされ、国家破産に突入して行ったのだ。

結果として、戦後ドイツはハイパーインフレに見舞われたわけだが、そのインフレのスタート時には、国民はそれが後にとんでもない悲劇を生むことにまったく気付かなかったのである。心地良いインフレで国民が骨抜きにされ、ぬるま湯に浸《つ》かり安心していたのである。まさに〝ゆでガエル〟状態だ。インフレの恐ろしい点は、後から振り返ればわかるが巻き込まれている最中はなかなか気付きにくいことだ。そして、皆が気付く頃にはすでに手遅れになっているのである。

日本でもインフレによって通貨が安くなると、輸出品が海外から見て安くなり、今より輸出企業が潤うことだろう。また、これまで長年にわたり日本ではインフレが発生してこなかったため、物価は欧米諸国と比較するとかなり割安に映る。それに今は円安が加わっているわけで、外国人からすれば日本全体が大バーゲンセール状態であり、それによるインバウンド需要はかなり高まる。これまで物価が割安な地域であった東南アジア圏から、逆に日本への〝お買い物ツアー〟が開催されるほどである。このインバウンド需要の高まりから、ホテルや観光業、また小売り業を中心に潤うことが考えられる。

このように、円安によって恩恵を被る業種は確かに存在し、それによって経済が活性化し、少し景気は良くなるかもしれない。しかし注意すべきは、この景気回復はあくまで一時的なもので、しばらくすると「制御できない円安」、そして「国家破産という悪魔」がこつ然と姿を現すのだ。

もはや〝円安ボーナス〟が期待できない日本

ところで、先ほど国の末期の段階における小康状態に触れたが、現代の日本においてその小康状態は意外と短い期間で終了する、あるいは、そういった状態がまったくこないかもしれないということを頭に入れておく必要がある。これは、日本の貿易収支の構造が昔と今とで明らかに異なっているためである。

一昔前までは日本は、「貿易大国」や「貿易立国」と呼ばれていたが、いまやその姿はどこにもない。日米貿易摩擦という言葉が頻繁に使われていた一九八〇年代では、一九八〇年こそ貿易収支（輸出額－輸入額）が赤字になっているが、その他の九年間はすべて黒字になっている。そしてその後、二〇一〇年までの実に三〇年間連続して黒字になっているのだ。しかし、その翌年の二〇一一年に赤字を計上すると、今度は五年連続して赤字を出し、ここで構造が変化していることがわかる。結局、二〇一一〜二一年の一一年間では黒字になったのがわずか三回で、三勝八敗と完全に負け越しているのだ。

そして、直近の二〇二二年もどうやら赤字になりそうな状況である。しかも二〇二二年四月〜二〇二二年九月の上半期の数字を見ると、一一兆七五億円（速報）もの大幅な貿易赤字で、これは比較可能な一九七九年以降で見た際、半期で過去最大の赤字なのである。

しかも、この過去最大の赤字を計上した二〇二二年四〜九月の期間を思い返してほしい。なんと、一貫して円安が続いている時期で、四月初めに一ドル＝一二二円後半だった為替は、九月末に一四四円後半と二二円も円安が進んでいたのである。つまり、この間は円安が発生していたにも関わらず、貿易赤字が過去最大に膨らんだわけで、いまや円安は日本の貿易にとって手放しに歓迎できる事態ではなく、むしろエネルギー輸入コスト増など逆にデメリットの方が大きいのである。

このような事態に陥った背景には、日本の国際競争力の低下が挙げられるだろう。第二次世界大戦後、一九五〇年代半ばから一九七〇年代前半にかけての日本の成長は目を見張るものがあり、〝東洋の奇跡〟と呼ばれるほどであった。その頃、日本は欧米諸国に追い付け追い越せで、ちょうど明治維新後、列強諸国の仲間入りを目標に目覚ましい発展を遂げた時期と似た状況であった。

その著しい成長により、日本の国際競争力はトップにまでなった。スイスのビジネススクール、ＩＭＤ（国際経営開発研究所）が『世界競争力年鑑』を一九八九年以来毎年発表しているが、日本はそのスタート時の一九八九年に一位に輝いているのだ。そしてその後も日本は、一九九二年までその一位の座をキープしてきた。世界中が日本の成長に注目し、日本をトップと認めていたわけだ。だから、魅力的な日本の商品が世界中で求められ、「貿易大国」「貿易立国」としての地位を確立することができたのである。

しかし一九九三年、その国際競争力ランキングで二位に下がると徐々に順位を落とし、一九九七年には一七位とトップ10からも外れてしまった。それ以降も日本は右肩下がりに順位を落とし、二〇二二年六月に発表された『世界競争力年鑑二〇二二』では、日本は三四位まで順位を落としているのである。

実は、このランキングで調査している母数は六三ヵ国（または地域）なので、日本は上位グループですらなくなっているのである。一九八九年のバブル時代にランキング一位と、確かに欧米に追い付き追い越したわけだが、それと同時に日本は次の目標を完全に見失い、成長戦略なしにただだらだらと過ごしてしまったわけだ。バブル崩壊後の失われた一〇年、二〇年、三〇年と過去の栄光が輝かしかった分、逆に慢心してしまい、気付いた時には競争力を下位グループまで落としてしまったのである。

いまや日本は、諸外国から魅力的に映らない存在で、円安になったからといって過剰に注目を浴びることがなくなりつつある。確かに、日本のアニメや漫画などの一部のソフトコンテンツは世界でも有名だが、総合力という点ではすでに日本は下位グループとして劣る存在なのだ。

だから、円安によって日本の産業が活性化されると考えている方は、はっきり言って甘いというほかない。円安になれば一昔前の強い日本が帰ってくるという考えは幻想であり、その考えはすぐに捨てた方がよい。時代は、完全に変わってしまったのである。

国家破産に伴う円安であれば……

二〇二二年一〇月中旬に、一ドル＝一五〇円台に乗せ三二年振りの円安と騒がれた。二〇二二年年初は一一五円ほどだったことを考えると、かなり急ピッチに、しかも極端に円安が進んだことになる。これほどの動きを〝一時的な動きで、長い目で見るとこれまで通りの為替の動き〟（＝一五〇円より下の円高状態が続く）と断じてしまうのは早計である。

まずは、国家破産の前兆であるインフレが起き始めていることを疑った方がよい。すでに第一章で述べた通り、日本には円安になる要因があふれており、まだまだ円安（＝輸入インフレ）が続く可能性があるのだ。

これが本当に国家破産の前兆であれば、もちろんこれだけではすまない。一時的に円高に戻すことはあるかもしれない（実際に二〇二二年一一月には急激な円高が起こり、一三八円台に入った）が、その後はまた一五〇円台を突破してくることが容易に考えられる。

では、どの程度の動きを想定しておくべきか。前章でも今後の予測について簡単に触れたが、ここではさらに詳しく見て行くことにしたい。そこで、チャート分析の専門家である川上明氏の見識を取り入れながら見て行こう。

まず、目先の意識されるラインは「一ドル＝一六〇円」である。財務省が日銀を使い、為替介入を行なっているため円安が一時的に鳴りを潜めているが、実は一六〇円の前の抵抗線は「一四七円」にあったという。その水準はすでに突破しているため、次の一六〇円のラインは意外と早くやってくるかもしれない。そして円安の流れを止めるのであれば、この「一六〇円」が絶対防衛ラインのようだ。

というのも、これを越えると、次は「二六〇円」という一〇〇円安のところまで抵抗線が見当たらないからだ。二六〇円というのは、一九八五年九月二二日のプラザ合意前の水準だ。プラザ合意では、アメリカの貿易赤字解消のために先進五ヵ国（日・米・英・独・仏）によるドル売り、自国通貨買いの協調介入が決定されたが、特にターゲットとされたのは日米貿易摩擦が深刻な問題となっていた日本円である。そのため日本円は、その合意後にはするすると円高が進み、その一年後には一〇〇円も円高水準の一六〇円に、その二年後の一九八八年には一二〇円台を付けている。

その後、急激に進んだ円高を是正するように一旦円安に振れたが、その後再び円高に転じたのは一六〇円のラインの手前であった。つまり、二六〇円から一六〇円の間はストンと一本調子で円高になり、それ以降は一度も一六〇円を超えたことがなく、手が付けられていない真空地帯になっているのである。

このような真空地帯の場合、抵抗線がないということで、円安の方向に振れた際に一気に動くことが考えられる。二〇二〇年の年初から二〇二二年一〇月までの二年弱で五〇円もの円安になったスピードも急であったが、それよりも急ピッチに、たとえば二年どころか一年も掛からずに「一〇〇円の円安」を見ることになるかもしれない。

一六〇円から二六〇円の真空地帯で円安の動きに勢いが付けば、次に目指すのは戦後に設定された一ドル＝三六〇円の水準である。三六〇円から二六〇円の間は過去に何度か右往左往しながら円高になっているため、抵抗線はいくつか存在する。ただ、為替は勢いに乗って意外とあっさりと三六〇円に到達することも考えられる。

そして、三六〇円を超えたとなれば、後は「未知の領域」である。もちろん抵抗線はなく、真空地帯が無限に広がることになる。この水準になると、相場は完全に壊れている状態であり、するとキリのよい一〇〇〇円という水準が見えてくるわけだ。二〇二〇年の年初に一ドル＝約一〇〇円だった為替が一〇〇〇円までになれば、円の価値が一〇分の一になったことになる。

ここまでの通貨安に見舞われた国では、何が起きるのか。実は、今まさに同じことが起きている国が存在する。トルコだ。トルコは歴史的に見てインフレ

トルコリラ（対円）のチャート

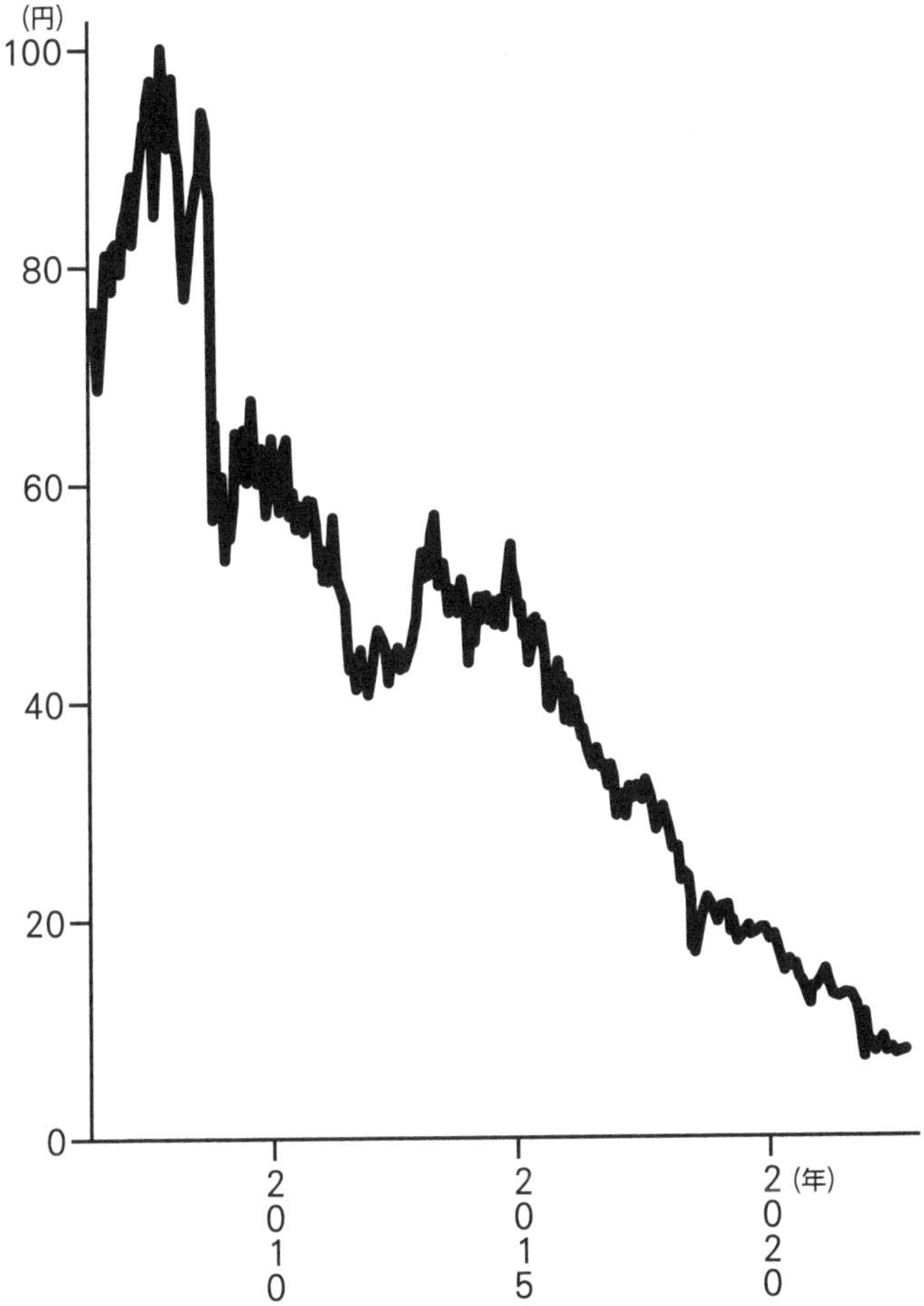

の常習国で、その通貨トルコリラはたびたび大幅な価格下落に見舞われてきた。過去にも、一九七〇年代から三〇年にわたって高インフレを経験していたが、特にひどかった一九八〇年や一九九四年は年率一〇〇％を超えるインフレに見舞われている。これは公式で発表されているインフレ率で、それでも物価が一年で二倍以上になっている。そして近年も高インフレに悩まされ、二〇一七～二〇年の四年間はインフレ率が二桁で推移し、二〇二一年、二〇二二年はさらにひどくなっている。

そのような中、トルコリラは今から一五年前の二〇〇七年一〇月から一貫して下落している。二〇〇七年一〇月、一〇〇円弱だったトルコリラは、その一五年後の二〇二二年一〇月に七・八円まで下落している。ドルでも二〇〇七年一〇月一ドル＝一・二トルコリラだった為替は、その一五年後の二〇二二年一〇月に一八・五トルコリラとなり、円でもドルでもトルコリラは一〇分の一以下の価値になっているのである。

一五年前と比べて通貨が実際に一〇分一以下になっているトルコにおいて、

国民は〝高インフレ〟に悩まされている。トルコのインフレ率は、直近二〇二二年九月の消費者物価指数の前年比でなんと八三・五％。市場予想は下回ったそうだが、二四年振りの高水準となっている。これだけインフレ率が高いと、国民の生活はたまったものではない。

二〇二二年一月にＮＨＫが「お金の価値が一年で半分に減った国」として通貨安が進むトルコの現状について特集している。その内容から、トルコの生活をかいま見てみよう。

まず冒頭で紹介されるのは、トルコの名物サバサンドである。それが二〇二一年七月に一つ「一二トルコリラ（当時一五〇円）」だったものが、その五ヵ月後の年末には「三〇トルコリラ」と半年経たずに値段が二倍以上になったという。これほど上昇した要因は、サバの輸入価格が上昇したためだ。ほかにも、異変は至るところで発生している。大量に物が並ぶ青空市場では、あちこちで値札が貼り替えられた跡があり、買い物客に聞けば毎日のようにすべてが値上がりしているとのことだ。食糧を格安で販売するところには行列ができ、そこで並ぶ年金生活者は「いつもお腹が空いているけどお金が足りない」と不満を口にする。二〇二一年は一年間で通貨価値が半分以下になっており、これまでの半分以下の量しか買い物ができない。

これだけ通貨が安くなると、インバウンド需要が生まれる。隣国のブルガリアやイランなどから観光バスで買い物ツアーの客がくるのだ。では、このような爆買いがそこで生活しているトルコ人にとってありがたい存在かと言えば、そうとも言い切れないという。生活必需品が買い占められたりするので品薄となり、商品の値上がりに拍車が掛かるというのだ。

この通貨安で、法人も苦しんでいるのだ。インフレの影響で二〇二一年一一月の光熱費が前月から二倍以上に上昇し、生活の困窮から従業員に三割から四割の賃上げを求められているという。大幅な人件費を含めたコスト増は避けることができない。また、通貨変動が激しいため、設備などの見積りを取った後、本社の決済を待つ間に為替レートが変わり、見積りを再三やり直すという対応にも追われている。二〇二二年一〇月時点でも年初からさらに大幅なインフレが進んでいるため、事態はさらに悪化していると考えられる。

いかがだろうか。ここまでになると果たして〝普通の日常生活〟と呼んでよいのか甚だ疑問ではあるが、それでもトルコはデフォルトを宣言しているわけではない。

ただ、これで本当にトルコは国家破産しておらず、国として何も問題ないと言い切ってよいのか。おそらくトルコは、すでに半分国家破産の状態となっており、今よりさらにインフレが進めばデフォルト宣言はしないまでも〝実質国家破産状態〟と認定してもよいのではないか。もちろん、その認定で何ら状況が改善されるわけではないが……。

さて、このようなトルコの現状を、「そんな大変な国があるのか」と他人事にすることはできない。実は、これは近い将来の日本の姿かもしれないからだ。円安がさらに進み一ドル＝一〇〇〇円にでもなれば、日本もこのような状態に陥ることは避けられない。

日銀は通貨の番人ではなく……

すでに円安は、許容できる範囲を越えつつある。そのような中で為替が行き過ぎた場合、本来であればそれを管理する組織がある。その管理は中央銀行の役割であり、日本ではもちろん「日銀」の役目だ。中央銀行は〝通貨の番人〟と呼ばれているわけで、日銀は円の価値を維持するために存在する。

では、具体的にどのように日銀がコントロールするのかと言えば、大きくは①円の流通量を調整することと、②金利を上下させることとである。

ここでお気付きの通り、日銀は現在の円安において①②の両方とも放棄した状態である。簡単に結論だけにしておくが、日銀は量的緩和を名目に、日本国債を無制限に購入している状態で、いまや日銀の当座預金にはじゃぶじゃぶとお金があふれており、それを減少させる術はない。それどころか量的緩和を解除する、つまり国債の購入を今更止めますということもできない。政府自体が予算を組めなくなって干上がってしまうからだ。

そして、金利を上げる方はもっと無理である。政策金利を上げれば、長期金利（一〇年物国債の利回り）に強力な上昇圧力が掛かる。日銀は長期金利を〇・二五％と極めて低い状態で維持することを目標にしているわけで、それに上昇圧力を加えることはできない。金利が二％になっただけで、五〇〇兆円の当座預金に一〇兆円を付利しなければならず、日銀は債務超過に転落して円は暴落してしまう。

いまや日銀は通貨の番人としての機能を完全に失っており、安倍元首相が口にした通り、単なる〝政府の子会社〟と化しているのである。だから今後、さらなる円安が進み日本がハイパーインフレの状態になったとしても、日銀が抜本的な対策を打つことはできない。できるとすれば、その大元である「政府」の方である。そして、その政府が行なう方法は、「大増税」「徳政令」という荒療治なのである。

国家破産で起きること

国家破産でまず起きることとは、「極端な通貨安」である。想定されるのは一ドル＝一〇〇〇円以上で、その結果ハイパーインフレへと突入して行く。そうなれば日本国民の購買力は著しく低下し、海外から十分な輸入ができなくなることも考えられる。それはさらに品不足による物価高を引き起こし、円安→品不足による物価高→円安と悪循環の輪が生じ、そこからそう簡単には抜け出せなくなるだろう。物が手に入らないのが常態になれば窃盗も多発し、治安も極度に悪化して行く。もちろん、大不況に陥っていることだろう。

そのような状態を脱却するために、政府は起死回生の一手を打ってくる可能性がある。それが「大増税」と「徳政令」である。

大増税は、今の消費税を五％や一〇％引き上げるといったものから始まり、最終的にはそれとは抜本的に異なり保有している資産に対する大幅な課税、い

国家破産状態の国で起きる３つの出来事

①ハイパーインフレ

②大増税

③徳政令

わゆる「財産税」の実施が起こり得る。財産税は第二次世界大戦後に行なわれ、その時は累進課税で最高税率九〇％だったわけで、今回もそれを想定する必要があるだろう。それに付随して、相続税の増税も考えられる。戦後はＧＨＱ指導の下、一九五〇年以降の相続税はこれもまた最高税率九〇％の累進課税方式に決められたが、その昔の税率に逆戻りする可能性がある。どうも日本では、一般市民から不満が出ないように超富裕層から税金を多く取ろうとするきらいがあるので、お金持ちほど気を付けた方がよい。

また、大増税と一緒に実施されるのが徳政令である。「税金を掛けますから皆さん自ら積極的に出して下さい」と言ったところで素直に国民が応じるとは到底考えられない。そこで、強制的に徴収してしまう方法が考えられる。「預金封鎖」やそれに伴う「預金の引き出し制限」、これまでのお札を使えなくする「新円切換」、そして通貨価値を切り下げる「デノミ」、また資本の移動を規制する「海外送金の制限」、最後に「金《きん》の没収」である。いろいろ挙げたが、要するにすべての資産を把握し、それを動かせないようにして根こそぎ収奪しようというわけだ。これによって、国の借金を完全にチャラにするわけだ。

インフレがスタートしても「MMT理論」を実行する日本の愚行

今更だが、ハイパーインフレになった際、日本政府にできることは大増税や徳政令といった荒療治しかない。すでに日本国は多額の借金を抱えてしまい、機動的に身動きを取ることが困難であり、しかもたまりにたまった借金がすでに限界を迎え、いつ爆発してもおかしくない状態なのである。

将来、円安が加速して行けば、そのハイパーインフレをほったらかしにするのか、一度すべての仕切り直し（国家としての清算＝ガラガラポン）をするために国民に多大な犠牲を強いるのか、日本国が取る道は二つに一つなのである。

そして、どちらの道を選んでもそれは国民にとって財産が大きく減るという、〝いばらの道〟である。私はかねてから日本国の破産に強い警鐘を鳴らしてきたが、このような話をするとこれまでは、「そんなハイパーインフレや財産税、徳政令などは現実的ではない。国家破産なんて起きるはずがない」とかなりの方たちから言われてきた。「いつまで経っても国家破産なんて起きないじゃないか」というご意見も聞かされてきた。しかし、最近ではすでにかなりの円安が始まっているわけで、さすがにそうした声は少なくなり、逆に私が主宰する資産保全クラブの会員さんから「ドルに換えておいてよかった。円ベースで資産が大きく殖えた。国家破産がやってきても生き残れます」と感謝の声も多くいただく。この数ヵ月で完全に潮目は変わってきているのだ。

ただ、もちろんのことだが、今も「日本が国家破産することはない」と考えている人は一定数おり、その中でもかなり強く信じ込んでいて聞く耳を持たない人もいる。「MMT理論」の信奉者がまさにそうである。

「MMT理論」は数年前にアメリカで提唱され話題になった学説で、「Modern Monetary Theory（現代貨幣理論）」の略称だ。MMT理論では、財政赤字は気にする必要はなく、政府は必要であればどんどん借金して資金をばら撒いても構わないと主張している。なんとも甘美で魅力的な響きである。

もう少し詳しく見ておこう。ＭＭＴ理論では、主に自国通貨建ての借り入れしかしていなければ通貨主権を確立していると定義し、それらの高いレベルの通貨主権を持つ国々（アメリカや日本、イギリス、オーストラリア、カナダなど）は、一般家計の収入と支出の考え方と国の収入と支出の関係はまったく異なると主張している。では、どのように異なるのかと言えば、国は必要な分だけ紙幣を刷ることができるため、収入を考える必要がないというのだ。必要な分だけ紙幣を刷って支出に充てればよいというわけで、国は財源より先に支出を考えることができると主張している。一般家計の場合には、収入が前提となり、その中でやり繰りを行ない、やむを得ず収まらない場合にその分は借金して支出を工面することになる。工面できなければ、支出する部分を泣く泣く削らざるを得ない。一方で国はそうではなく、まず必要な分だけ支出を行ない、それから課税（収入）と借金を行なうということで、まるで考え方が逆なのである。ＭＭＴ理論では、驚くほど財政赤字を気にせず、国債発行によりたまりにたまった債務残高もまったく気にしないのである。

ただ、そんなMMT理論にも一つだけ気にする必要があるとしていることがある。それは〝インフレのコントロール〟である。MMT理論では、政府が支出する際に、先ほどの財政赤字は気にする必要はないものの、インフレが行き過ぎないようにすることが最大の制約であると説明している。インフレが制御できれば財政赤字は気にする必要はなく、国は借金をどんどんしてお金をばら撒いても構わないという主張なのだ。

では、このインフレのコントロールをどのようにするのかと言えば、「課税」であるとMMT理論は説明している。政府が支出を増やすことで物価上昇につながらないように、国民の購買力が過剰にならないように、国民の支出能力を抑えるために課税を行なうというのだ。

国は、(必要と判断したものに対して) ばら撒くだけばら撒いて、その後帳尻合わせのために課税を行なう——この光景、どこかで見たことはないだろうか。実は、現在の岸田政権が行なっている方針まさにそのものなのである。二〇二二年度の一般会計税収が六八兆円強と過去最高額になったにも関わらず、二九兆円もの第二次補正予算を同じ二〇二二年度に組み入れている。その八割は「国債」という借金である。一方で、増税の議論を行ない消費税率一五％や金融所得課税の増税を検討している。まさに、ＭＭＴ理論を地で行く政策である。

ばら撒きを行ないながら増税をしようとする行動は、アクセルを踏みながらブレーキを踏むような行為で、これまでは岸田政権が一体何をしているのかがわからなかったかもしれないが、実は積極的にＭＭＴ理論を政策に取り入れているのだ。というのも、自民党の議員の中にはＭＭＴ理論の信奉者が少なからず存在している。今から三年ほど前に、自民党の中で二〇名ほど集まってＭＭＴ勉強会が開催されたのは有名な話で、ＭＭＴ理論は自民党内で政策を二派に分裂させるほど主流な理論であることを私たちは知っておくべきである。

そして、もっと知っておくべきことは、ＭＭＴ理論が提唱されていたアメリカではすでに時代遅れの学説になり下がっているということだ。世界規模でのインフレが発生し、アメリカはその火消しに躍起になっている中、いまやＭＭＴ理論はまやかしに過ぎなかったということできれいに忘れ去られているのである。それが、恐ろしいことに日本の政府内ではいまだに現役の理論である。すでに日本でもインフレが顕在化しつつあるにも関わらずこのありさまである。理由は二つ考えられる。一つは、ＭＭＴ理論が時代遅れであることにまったく気付いておらず単純に無知であること。もう一つは、〝気付いていない振り〟をしているだけであることだ。

歴史は繰り返す

日本国は財政においていよいよ行き詰まっており、まさに終焉の時を迎えようとしている。つまり過去のたまりにたまった負の遺産を一気に清算する時期にきているわけだが、実は歴史を振り返ると、近代日本においてはその周期が四〇年ごとに訪れていることがわかる。

近代日本の幕開けは幕末から明治維新に掛けてで、西暦では一八五三〜六八年である。「明治維新」と聞くと、真新しい何かキラキラした時代を想像される

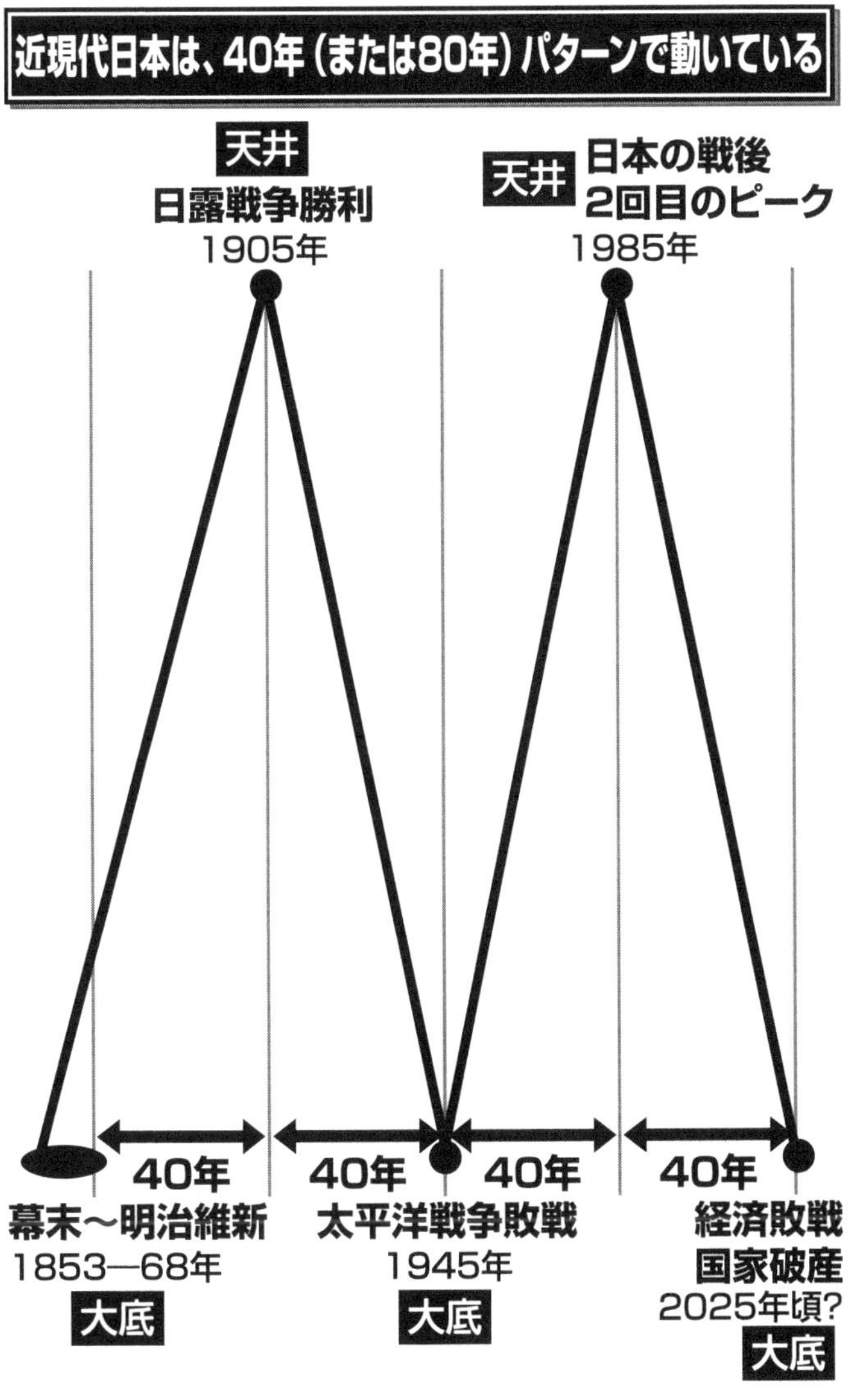
近現代日本は、40年（または80年）パターンで動いている
天井
日露戦争勝利
1905年
天井
日本の戦後
2回目のピーク
1985年
40年
40年
40年
40年
幕末〜明治維新
1853―68年
大底
太平洋戦争敗戦
1945年
大底
経済敗戦
国家破産
2025年頃?
大底

かもしれないが、明治一〇年代の庶民たちは「維新」という言葉を使っていない。江戸幕府が崩壊しこれまでの生活がすべて壊れたという意味で〝瓦解〟と呼ばれていたのだ。この時が近代日本の幕開けであり、日本はちょうど大底からスタートしたことになる。それから欧米列強をひたすら追い掛け、ちょうど司馬遼太郎の小説タイトルのように坂の上の雲を追い掛けるようにして、日本は欧米諸国と肩を並べるほどまで発展して行った。このピークが、一九〇五年の日露戦争勝利だ。日本は近代化に成功した証しのように、当時の大国であるロシアと互角に渡り合い、最終的に勝利を収めたのだ。この間、四〇年である。

次の四〇年は一九四五年までで、日本は言わずと知れた太平洋戦争の敗戦を経験し、再びどん底に沈んでいる。日露戦争の勝利に浮かれ、軍部が慢心し、暴走し、せっかく駆け上がった坂道を転げ落ちたわけだ。しかし、敗戦になりすべてを失った日本は、今度は前述した通りで東洋の奇跡と呼ばれるほどの発展を果たし、敗戦から四〇年後の一九八五年に再びピークを迎えたのだ。

そしてバブル崩壊後、日本は再度沈下することになり現在に至る。この四〇年パターンにあてはめると、二〇二五年が大底だから、これからの三年間は激動の時代であると考えられる。四〇年パターンでピークと大底を繰り返す私たちの日本に、そろそろ〝ご破算で願いましては〟の時期がきているのだ。

〝すでに国家破産は始まっている〟

戦後の預金封鎖や財産税が実施された後の一九四七年五月三日に発布された日本国憲法の第二九条に、「財産権」がある。その第一項に「財産権は、これを侵してはならない」と規定されている。

しかし、現代において先ほどの大増税や徳政令は実施できないと考えるのは尚早である。日本政府が行なわなくても、諸外国が日本が問題を起こしたままでは都合が悪いと考え、ＩＭＦ（国際通貨基金）が乗り込んできて無理やり大増税や徳政令の実施を迫ることも考えられる。また、「ハイパーインフレ」「大増税」「徳政令」は国家破産状態の国で起きる三つの出来事であるが、これがすべて起こるとは限らず、先ほどの財産権の問題からハイパーインフレだけが極端になり、他の二つは見送られることもないとは言えない。

しかし、すでに申し上げた通り、私が長年にわたって警鐘を鳴らしている国家破産は、ほぼすべてインフレ、つまり「通貨安」から始まる。国が破産することを杞憂ととらえる経済評論家もいるが、国は時に〝暴力装置〟になることを忘れてはいけない。そして今、極端な円安が進んでいるわけで、すでに注意すべき異常事態に向かってまっしぐらに突き進んでいる可能性があるのだ。

第三章

一〇年後、円しか持たないあなたは極貧のどん底へ

円資産への集中は最も危険なギャンブル

二〇二二年は、日本にとって大きなターニングポイントとなった年として歴史に刻まれるかもしれない。それを象徴するのが、〝円安〟だ。二〇二二年は近年まれにみるハイペースで円安が進んだ年であった。年初、一ドル＝一一五円程度だった為替レートは、一〇月には一五〇円を突破した。米ドル預金などドル建ての金融商品に投資している人は、大きな為替差益が得られたはずだ。

しかし、ドルをはじめ外貨建ての金融商品に投資している日本人は、実はかなりの少数派だ。現在、日本の個人金融資産は約二〇〇〇兆円だ。みずほ銀行チーフマーケット・エコノミストの唐鎌大輔氏の試算によると、二〇二二年三月末時点における個人金融資産に占める外貨性資産の割合は、わずか三・四％に過ぎない。残りの九六・六％は円資産ということだ。

とは言え、二〇〇〇年三月末時点では外貨性資産の割合は〇・九％だったから、この二〇年ほどで日本人の外貨性資産の保有はかなり殖えてはいる。それでも九六・六％は円貨性資産が占めているわけで、日本人の個人資産のほとんどは円資産と考えてよいだろう。

外貨建て資産への投資・保有は、為替変動リスクを伴う。二〇二二年のように円安が進めば為替差益が得られるが、逆に円高が進めば為替差損を被る。たとえば、米ドル預金であれば米ドル建てでは元本が保証され利息も付くが、円ベースでは元本保証はない。せっかく得た利息も為替差損で吹き飛び、元本割れというケースもよくある話だ。全般的に日本人は、リスクや損失を極端に嫌う傾向が強いと言われるから、そんなギャンブルはせず安全確実に円預金にしておこうという人が圧倒的に多いわけだ。

しかし、安全確実と思われている円資産への集中投資が、実は最も危険なギャンブルになりつつあることに、まだほとんどの日本人が気付いていない。二〇〇〇年当時も二〇二二年現在も、個人金融資産のうち最も多くを占めるのは「現預金」（現金と預金）であり、その割合は五十数％でほとんど変わらない。

円はどんどん〝安く〟なり、日本人はどんどん〝貧乏〟になる

二〇二一年後半以降、世界的に物価が上昇している。円安による輸入物価の上昇もあり、日本でも物価が上がり始めている。「物価は上がっているのに、給料は上がらない」と多くの人が口にするように、インフレが庶民の生活を圧迫しつつある。「名目賃金」から物価変動の影響を差し引いて算出する「実質賃金」が減少している。厚生労働省の発表によると、二〇二二年八月の実質賃金は前年同月比で一・七％減少し、五ヵ月連続でマイナスになった。現金給与総額は八ヵ月連続でプラスになっており、給料そのものは上がっているものの、物価上昇に追い付いていない状況だ。

それでも日本の物価上昇は、欧米各国に比べればはるかに緩やかだ。二〇二二年八月の消費者物価指数（ＣＰＩ）の上昇率（前年比）は、アメリカが八・三％、ユーロ圏が九・一％、イギリスが九・九％なのに対し、日本は二・八％

に留まる。しかも、三兆円超の予算を使いガソリン補助金を導入。本来なら一リットル当たり二〇〇円を超えているはずの全国平均のガソリン価格を、一七〇円程度に抑えている。さらに岸田政権は、電気料金やガス料金についても負担軽減策を導入する方針も示す。このような〝国民の財布にやさしいばら撒き〟もあり、多少物価が上がっている不満はあるにせよ、国内で生活する分にはそれなりにやって行けるという人が多数派だろう。

もちろん、原材料価格や輸送費の上昇に大幅な円安も加わり、高級ブランド品や外国車などの輸入品の価格はかなりのペースで上昇しているが、「そもそもこれらの商品はお金に余裕のある人が買うべきものだから庶民には関係ない」と言うべきだろう。

いや、本当にそうなのだろうか？　高級ブランド品や高級外車を所有する日本人は、決してお金持ちだけではない。少なくとも、つい最近まではそうだった。バブル期の頃には、ルイ・ヴィトンなどの高級ブランド品を身に着けた人が街中にあふれていたし、今でもごく普通の小さな建売住宅の軒先に、ＢＭＷ

やベンツなどの高級車が置いてあるのに驚く人はいないだろう。そう、これらの商品は確かに高級品ではあるが、ちょっと背伸びをしてローンでも組めば普通の庶民でも手が届くものだったのだ。

ルイ・ヴィトンのリュック型のバッグも、以前なら一〇万円も出せば買えたが、今の新作は三〇万円を超える。三〇万円のバッグとなると、「さすがに手が出ない」というのが普通の庶民感覚だろう。

車にしてもそうだ。メルセデスベンツの中間グレードであるCクラスの「C200セダン」の車両価格は、一九九八年には三九〇万円であった。それが、現在は六五一万円まで値上がりしている。ちなみに国税庁が公表する民間平均給与は、一九九八年が四六五万円、二〇二一年が四四三万円であり、二〇万円ほど減っている。一九九八年当時なら頑張ればなんとか購入できたという人も、今となってはさすがに厳しいという中流層は少なくないだろう。

高嶺の花になりつつある「海外旅行」

このように、この二、三〇年で日本円の実力は大幅にダウンし、日本円で生活する日本人は着実に貧しくなっているわけだ。まあ、それでも日本国内で暮らす分には、「以前なら買えた高級品に手が届かなくなった」という程度で、多くの人は日常生活に困るわけではないから、「円の価値が下がった」「日本人は貧しくなった」と言われてもピンとこないかもしれない。

しかし、外国（特に先進国）に出掛ければ、円の価値そして日本人の経済力がいかに低下したかを嫌でも実感させられる。

日本人の海外旅行先で人気ナンバーワンは、何と言ってもハワイだろう。かつて海外旅行は庶民にとって高嶺の花であった。一九六四年に海外渡航が自由化された直後、同年四月に株式会社日本交通公社（現ＪＴＢ）が「第一回ハワイダイヤモンドコース旅行団」という七泊九日の団体ツアーを開催している。

その旅行代金は、三六万四〇〇〇円であった。当時の国家公務員の大卒初任給一万九一〇〇円の約一九倍に相当する大変な金額だ。

内閣官房内閣人事局が公表する「国家公務員の給与（令和三年版）」によると、国家公務員の大卒初任給（総合職）として二三万二八四〇円というモデル給与例が示されている。これを一九倍すると、約四四二万円となる。いかに高額なツアーだったかがわかるだろう。一週間程度の旅行に四〇〇万円を超えるお金を払うことなど、庶民には到底無理なことだ。基本的に、海外旅行は限られた富裕層のみの贅沢品であった。実際、この旅行は当時の日本人にとって特別なものであり、空港には出発を見送る多くの人が集まり、参加者はスーツにネクタイを着用して飛行機に搭乗したという。

その後、海外旅行は多くの日本人にとって身近なものになり、学生でもちょっとアルバイトをしてお金を貯めれば気軽に海外に行けるようになった。海外旅行の費用は、劇的に安くなったのだ。ＪＴＢ総合研究所によると、一人当たりの海外旅行一回の費用総額は一九九〇年に五二万円だったが、二〇〇〇年には三一万円に減っている。二〇一〇年代は、二五万円前後で推移している。海外旅行費用は、二〇年間でほぼ半減したわけだ。

旅行費用の減少に伴い、日本人の出国者数は増えて行った。法務省の統計によると、出国者数は一九九〇年に一〇〇〇万人、一九九五年に一五〇〇万人を突破、二〇一九年には二〇〇八万人と過去最高を記録した。海外旅行費用減少の要因としては、ネット予約の普及や格安航空会社（ＬＣＣ）の台頭が挙げられるが、やはり為替の影響も無視できない。

海外渡航が自由化された一九六四年のドル／円相場は、一ドル＝三六〇円つまり固定相場の時代だ。一九七一年のニクソンショックを発端に一九七三年より変動相場制に移行すると、ドルはみるみるうちに下落して行った。

第一章の一八～一九ページの図は変動相場制移行後のドル／円相場の推移を示したチャートだ。チャートを見ると、一貫して円高傾向で推移しているのがわかる。円は、一九九五年四月一九日には一ドル＝七九・七五円の最高値を記録した。その後、相場は急激に反転し、わずか三年後の一九九八年八月には一ドル＝一四七円台まで円安／ドル高が進んだ。この相場の急反転により、九五年の一ドル＝八〇円割れが円高のピークで、いよいよ長期円安トレンドに転換するとの観測も高まったが、円相場が天井を付けるにはもう一段の上昇が必要だったようで、二〇一一年一〇月三一日には一ドル＝七五・三二円を付け、戦後の最高値を更新した。

かつて日本人は、一ドルを手に入れるのに三六〇円も払う必要があった。それが、二〇〇〇年以降は一〇〇円そこそこで一ドルを手に入れることが可能になったのだ。そのため、海外旅行にも手軽に行けるようになった。

しかしここにきて、「誰もが手軽に海外旅行に行ける」という状況は急激に変わってきた。人気のハワイツアーは、コロナ前の二〇一九年に比べ三～四割程度高くなっているようだ。なにしろ、ハワイは元々物価が高い。「World Population Review」によると、ハワイ州の物価は全米で最も高いそうだ。日本なら一〇〇〇円程度出せばごく普通のランチが食べられるが、ハワイではコロナ前でも二〇〇〇円くらいは掛かった。

しかも最近のインフレで、物価はさらに上がっている。現地に詳しい人によると、品物によって異なるが物価は平均すると、この三年間で三割程度上がっているようだ。これに、為替の円安が加わる。二〇一九年のドル／円相場は一ドル＝一一〇円程度を中心に推移していたから、この三年間で三割ほど円安が進んだ。日本人にとってはインフレと円安のダブルパンチだ。インフレ三割と円安三割で、円ベースでは約七割の値上がりだ。

これを機械的にあてはめると、新型コロナ前に二〇ドルしていたランチなら二六ドルに値上がりし、円換算すると三七〇〇～三八〇〇円にもなってしまう。フードコートなどで売られているごく普通のラーメンでさえ、二〇〇〇円くらいする。ハワイの外食費は、日本の三倍くらい掛かる状況になっているのだ。

国家が破産すれば、円安もインフレもこんなものではすまない

円安は日本人の購買力を低下させる一方、外国人の購買力をかさ上げする。

二〇二二年一〇月に日本の水際対策が大幅に緩和されたことで、多くの外国人観光客が日本に押し寄せている。彼らの多くが日本の商品やサービス価格の安さに驚き、歓喜して日本旅行を堪能している。

欧米各国に比べれば緩やかとは言え、日本でも物価はじわじわと上がっている。日本で生活する日本人の中で、物価上昇を実感していない人はまずいないだろう。サラリーマン向けのランチにしても、二、三年前までなら一〇〇〇円あれば十分まともな食事ができたが、一〇〇〇円以内に収めることはだんだん難しくなっている。一〇年ほど前だったか、昼食代を五〇〇円玉一枚に収める「ワンコイン亭主」という言葉が流行ったが、今ではファストフード店でも五〇〇円で男性サラリーマンの胃袋を満たすのは難しくなっている。この一〇年で日本のサラリーマンの平均賃金はほとんど上がっていないから、多くの日本人の家計は厳しくなっているわけだ。

それでも多くの外国人にとっては日本の物価は安いというのだから、日本円の実力の低下を思い知らされる。エネルギーや食料の多くを輸入に頼る日本でこれだけ円安が進むと、今後、物価がさらに上昇するのは目に見えている。

ましてや、日本は国家財政が破綻の瀬戸際に追い込まれているわけで、いよいよ財政破綻ということになれば円安はこんなものですむはずがなく、大暴落するだろう。為替相場は、長期的には自国と外国との物価格差に収斂《しゅうれん》する性質があるから、ごく単純化すれば一ドル＝一〇〇円から一ドル＝一〇〇〇円に円安が進めば、物価は一〇倍ということになる。ハイパーインフレだ。

このような状態になれば、当然日銀も「国債を買いまくって金利を抑え込む」という現在の金融政策をとれるはずがなく、円安・インフレに歯止めを掛けるためにすさまじいペースで金利を上げることになるだろう。日本は世界の潮流に反していまだ低金利政策を続けているが、たとえ金利が何十％あるいは何百％に引き上げられたとしても、海外投資家に円が買われることはないだろう。仮に預金などでそれだけの高金利が得られたとしても、円安で大損することになるからだ。

こうして円の購買力はどんどん低下し、国民の多くが極端なインフレに苦しめられることになる。これが、「国家破産」ということだ。

破産した国で頼りになるのは〝米ドル〟

国家の破産は決して珍しいことではなく、古今東西いくつもの国が破産してきた。その実態はかなり悲惨なものがあり、国民の多くが困窮する。生きるか、死ぬかという悲惨な目に遭う人も多い。

しかし、国民全員が困窮するわけではない。国家破産は、国民を容赦なく二極分化する。つまり大部分の国民が困窮する一方で、一部の国民は豊かさを維持しているのだ。具体的な事例をいくつか挙げよう。

■ロシア

ソ連崩壊後、一九九〇年代のロシア経済は極度に疲弊し、国家破産状態に陥った。私はこれまでに何度か国家破産の取材でロシアを訪れているが、それらの取材を総合すると、インフレのひどい時期には年率七〇〇〇%程度のインフレが約三年間続いたようだ。食糧をはじめあらゆる生活用品が極度に不足した。どの店にも商品などほとんどないが、それでも生活必需品を求める多くの人が行列をなした。

公務員の生活も厳しかった。国が破産したために、多くの人が失職した。たとえ失職を免れても、給料は満足に出ない。紙キレ同然の価値しかなくなった自国通貨ルーブルによる給料で家計が成り立つはずもなく、彼らの生活水準は極度に低下した。

国債はデフォルト（債務不履行）、預金封鎖が行なわれ、銀行にある貸金庫の財産まで没収された。多くの国民が財産を失い、貧困層に転落、中間層が激減した。生活水準が悪化したことで出生率が低下、死亡率が上昇した。平均寿命は大幅に低下し、人口が急減した。

しかし、その一方でごく一部（全人口の三%程度）の人々は資産を守り、逆にむしろ殖やしている。海外に、「家」というよりも「城」と呼ぶべき豪邸をいくつも持つほどの資産家が多数生まれた。富裕層向けのビジネスも盛んになり、モスクワやサンクトペテルブルクなどの都市部では、大型スーパーマーケットが続々開業し、高級住宅や高級外車の販売が急増した。

彼らは国内外の様々なビジネスで財を成したが、共通するのは資産の大部分を海外に〝ドル資産〟として持っていたことである。国家破産時に、価値の暴落したルーブルなど誰も欲しがらない。誰もが米ドルを求める。わずかな米ドルと引き換えに、泣く泣く自宅を手放す人も少なくなかったという。資産をあらかじめ米ドルに換えていた人は、そのような不動産を二束三文で買い取ることができ、ますます資産を殖やして行った。とにかく、米ドルだけが輝きを増して行った。

■ジンバブエ

ジンバブエは一九八〇年の建国以来、権力を握り続けたムガベ大統領の失政が原因で、史上最悪レベルのハイパーインフレを経験した。元々、インフレ率

全財産を失って赤ちゃんを抱きながら雪の中で物乞いをするロシア人女性（写真：Simon Roberts/Gallery Stock/アフロ）

はほぼ毎年二桁の高インフレ国であったが、二〇〇一年以降、毎年三桁以上のインフレ率を記録するハイパーインフレに突入した。

その後も物価は破滅的な上昇を見せ、やがて数えることすら不可能なほど天文学的な数字になった。二〇〇八年に入るとインフレはさらに加速、インフレ率は三月に「三五万五〇〇〇％」に達した。一年間に、物価が約三五〇〇倍に高騰することを意味する。このインフレ率だと、一〇〇万円の軽自動車が一年後に三五億円になってしまう。

しかし、実際のインフレ率はこれをはるかに上回っていたようだ。非公式ながら六月には九〇三三万％、一一月には八九七垓％、そして二〇〇九年一月には「六五×一〇の一〇七乗」％という、ほとんど意味がわからないインフレ率となった。これは六五の後にゼロが一〇七つ付く数字で、二四・七時間ごとに価格が二倍になるということだ。つまりほぼ毎日、物価が二倍になるということだ。一日で物価が二倍になるということは、二日で四倍、三日で八倍になる。では、一ヵ月後にはいくらになるか？　なんと、約一〇億倍だ。複利というのは、かくも恐ろしい。

当然、経済は大混乱に陥った。あまりの物価変動の激しさに、商品を売買しようにも適正価格が誰にもわからない。大半の工場が閉鎖、スーパーマーケットなどの店頭からはほとんどの商品がなくなったため、生活必需品がまったく手に入らない状態だったという。物資の多くはヤミ市で流通するようになり、人々は商品を高値で買わざるを得なくなった。

しかも、商品を買うのに山ほどの札束（自国通貨）を持って行かなくてはならない。インフレに対応するため、次々に高額紙幣が発行された。高額紙幣が発行された直後は、その時の物価水準に応じて必要な量の現金が流通するため人々の生活も多少は落ち着く。

しかし、それもつかの間、激しいインフレの前に新紙幣はあっという間に紙キレ同然と化し、さらに高額な紙幣が発行されるという悪循環が続いた。また、高額紙幣なら買い物に持参する札束が少なくてすむのはよいのだが、販売する側につり銭の用意がないことも多く、やはり買い物は不便を極めた。

銀行の引き出し上限額は繰り返し引き下げられ、ATMには毎日長蛇の列ができた。最終的には、事実上の預金封鎖状態になった。十分な額の現金入手が困難になり、やがて物々交換が行なわれるようになった。

ご多分に漏れず、ジンバブエでも米ドルが強みを発揮した。多くの富裕層は元々、自分の資産を守ることに長けている。米ドルはもちろん、不動産や株式、金《きん》やダイヤ、高級車など、日頃から現預金（自国通貨）以外の財産に幅広く分散している人が多い。彼らは、通貨というものが紙キレになり得ることをよく理解している。それが、新興国や途上国の通貨であればなおさらだ。彼らの多くは、自宅や会社の金庫に米ドルなどの外貨を保有している。

しかし、多くのジンバブエ国民にとって、米ドルはまったくと言ってよいほど馴染みがなく、当初は米ドルに対して拒否反応を示す者も少なくなかったという。そもそも、ジンバブエは米ドルを発行できるわけではないから、米ドルの供給量が絶対的に不足していた。そのため、暴落を続けるジンバブエドルも相変わらず使われていた。それでも、時間の経過と共に米ドルはジンバブエの

自国通貨ジンバブエドルが紙キレとなったため、首都ハラレの中心街でただひたすら通り掛かる人に憐れみを乞う盲目の女性。
（2010年 ジンバブエ・ハラレ 浅井隆撮影）

人々の生活に確実に浸透して行った。ジンバブエドルは二〇〇九年に発行が停止され、米ドルや南アフリカランドなどが流通した。二〇一五年には、正式にジンバブエドルの廃止が決まった。

■アルゼンチン

アルゼンチンはこれまで何度もデフォルト（債務不履行）を繰り返し、一九七〇年代中盤から一九九〇年代初頭に掛けて、慢性的なハイパーインフレに苦しめられてきた。インフレ率は一九八九年には五〇〇〇％を超えていた。

インフレ対策のために、一九九一年には一ドル＝一ペソという完全な固定相場制を採用した。通貨価値が固定されたことにより、通貨ペソの信認は回復しインフレも収まった。この政策はアルゼンチンを流れるラプラタ川にちなみ、当時「ラプラタの奇跡」と呼ばれたが、そもそも世界で最も信用力のある米ドルと等価というレートはあまりにも無理があり、次第に大きなゆがみをもたらす。

アルゼンチンの通貨ペソが割高なレートに固定されたことで、同国の国際競争力が失われ、一九九九年にマイナス成長に転落。二〇〇一年には預金封鎖が断行され、国債がデフォルトに陥り、実質的に財政は破綻した。

二〇〇二年に変動相場制への移行に踏み切ると、固定相場のたがが外れたペソは瞬く間に暴落して行った。変動相場制への移行後、一〇日足らずで一ドル＝二ペソに急落、通貨価値は半減した。ペソはその後も下落を続け、あっという間に一ドル＝四ペソ近くまで下落した。

通貨の下落に伴い、物価も上昇して行った。その一方で、経済の混乱により多くの労働者の給料は上がらず、極めて苦しい生活を強いられた。貧困層の年間所得は、一〇〇〇ドルにも満たなかったそうだ。当然、物乞いをする人も多かった。少しでも同情を買うため、子供に物乞いをさせたり、借りてきた赤ちゃんを抱いて物乞いをする女性もいたという。

当時から約二〇年経つが、アルゼンチン経済は今なお不安定な状態が続く。本書を執筆している二〇二二年一〇月現在、ペソは一ドル＝一五〇ペソ台まで暴落している。インフレ率はかつての数千%というハイパーインフレ状態にはないものの、ここ数年、数十%程度で推移しており高インフレが続く。二〇二二年九月の消費者物価指数は、前年同月比で八三%の上昇となり、同年末には一〇〇%まで上昇すると予測され、ハイパーインフレがぶり返しつつある。

このような状況だから、国民は自国通貨ペソをまったく信用していない。ペソ建ての銀行口座にあるのは必要最低限の金額で、残りはすべてドルに換えるか、自動車などの換金性の高い商品を購入して資産を保全するのが常識になっている。誰もがドルでインフレヘッジをしているなら、アルゼンチン国民の生活はまったく問題ないのかというとそんなことはない。「数千%のハイパーインフレに見舞われた一九八九~九一年当時よりも生活が厳しい」という声もあるくらいだ。

米ドルを発行できないアルゼンチンの政府・中央銀行が国民の高いドル需要を満たせるはずがなく、外貨の購入は月にわずか二〇〇ドルに制限されている。ドル需要の穴を埋めるのが〝闇の両替商〟だ。しかし、そこで提示される為替

デフォルト常習国のアルゼンチンでは首都ブエノスアイレスの至るところに老後を失った路上生活者の姿が。10年後のあなたは大丈夫か!?　　（2018年 アルゼンチン・ブエノスアイレス 浅井隆撮影）

レートは〝ブルーレート〟と呼ばれる非公式のものだ。これは、公式レートに比べ二倍以上割高に設定されている。ここまで不利なレートだと、富裕層ならまだしも、経済力の乏しい一般庶民には相当厳しく、おのずと生活は苦しくなるわけだ。

アルゼンチンの事例からわかるのは、生活を守るためにはドルを手に入れるしかないのだが、コトが起きてからドルを手に入れるというのではまったく手遅れということだ。

なぜ、米ドルなのか?

これらの事例以外にも、破産した国ではほぼ例外なく米ドルの需要が高まった。一部で米ドル以外の外貨が使われることはあっても、米ドルが圧倒的に強いことには変わりない。暴落して使いものにならない自国通貨の代わりということなら、自国通貨以外の通貨で価値が保たれているものなら米ドルでなくてもよいようにも思えるが、なぜ米ドルなのか？　それは、やはり米ドルが基軸通貨であることが大きいのだろう。

一般に基軸通貨の条件として挙げられるのは、通貨価値が安定していること、世界経済に占める経済力が大きく、輸出入も大きいこと、国際金融市場が安定していることなどだ。米ドルは、外貨準備も世界の貿易取引に占める割合も大きい。実態面から見て、米ドルが一番利用されているわけである。要は、「世界で最も信用力の高い通貨」として世界中に認められているということだ。

基軸通貨は、一九世紀半ば頃からの資本主義の発展、拡大により生まれた。それまでの世界貨幣であった金《きん》に代わり、最初に基軸通貨となったのはイギリスの「ポンド」である。イギリスは当時、「世界の工場」といわれており、原材料の輸入、工業製品の輸出を活発に行なっていた。これにより、ポンド建ての貿易が世界に広がり、ポンドは約五〇年にわたり基軸通貨の地位を維持したのである。その後、イギリスの衰退とアメリカの興隆と共に、基軸通貨はポンドから米ドルへと移って行った。

しかし、基軸通貨の地位はある時を境にポンドからドルへと変わったわけではない。イギリスの国力に翳《かげ》りが見え始めた二〇世紀初頭からしばらくの間は、「ポンドと米ドルという二つの基軸通貨」が並存した。

アメリカの経済規模は一九世紀後半にはすでにイギリスを上回っていた。GDPで見ると一八七〇年にはイギリスを超え、一八八〇年代には世界最大の工業国へと成長を遂げている。しかし、その時点での米ドルに対する評価は、基軸通貨ポンドに大きくおよばないものであった。

その後も米英両国間の経済力の差は広がり続け、一九二〇～三〇年代頃になってようやく米ドルは、ポンドと並ぶ基軸通貨として世界に認知されるようになった。ポンドの凋落が決定的になり、米ドルが名実共に世界で唯一の基軸通貨となるのは一九六〇年代以降のことだ。

米ドルも、いずれは基軸通貨の座を降りることになるだろう。では、次代の基軸通貨は何になるのか？　ユーロの発足当初は、ユーロこそが第二の基軸通貨になるという予測も少なくなかったが、二〇一〇年の欧州債務危機以降、通貨と金融政策を一つにしても財政政策はバラバラというユーロ圏の根本的な問題が露呈し、次代の基軸通貨としてのユーロへの期待は大きく低下した。

人民元はどうか？　遠い将来はともかく、少なくとも現時点ではユーロ以上に可能性は低いだろう。確かに中国は近年めざましい経済成長を遂げ、ＧＤＰでアメリカを猛追している。人民元の存在感も高まってはいる。しかし、そもそも中国は対外投資、対内投資のいずれについても取引に制限をかけており、金融市場を十分に開放していない。人民元は、世界中の人たちが信頼を寄せ安心して取引できる通貨には程遠い。つまり、現在の人民元は「基軸通貨レース」のスタートラインにすら立っていない状況と言えるわけだ。

全盛期に比べれば米ドルのパワーダウンは否めないが、それでも現時点で米ドルと対等に渡り合えるような通貨は存在しない。しかも、ポンドとドルの例が示すように、基軸通貨の移行には非常に長い時間が掛かる。その点で、米ドルが基軸通貨の時代はまだ当分続く可能性が高い。おそらく、少なくとも今後三〇年程度は、米ドルは安泰だろう。特に、危機時に資産を保全する上でこの

「世界最強通貨」の保有は、避けて通れないのである。

ドル建て金持ち、円建て貧乏

ここまでお読みになり、国家破産対策に米ドル（ドル建て資産）の保有が欠かせないことがおわかりいただけたと思う。日本が国家破産した場合、日本円はほぼ確実に暴落し、激しいインフレに見舞われる。その時に米ドルを持っている者と持っていない者との間には、その運命に大きな差が生まれる。その差は、まさに〝天国と地獄〟だ。

では、日本国が破産した場合、あなたの保有する資産の価値はどのように変化するのか、簡単にシミュレーションしてみよう。

保有する資産は二〇〇〇万円。半分を米ドルに振り向け、半分は円のままで保有する。為替レートは（計算しやすいように）一ドル＝一〇〇円とすると、米ドルが一〇万ドル（一〇〇〇万円）、日本円はもちろん一〇〇〇万円だ。

為替が一ドル＝二〇〇円になると、日本円は一〇〇〇万円のままだが、米ドルは二〇〇〇万円に殖える（一〇万ドル×二〇〇円）。円換算で合計三〇〇〇万円になるわけだ。元の保有資産二〇〇〇万円から見ると、一・五倍に殖えることになる（一二四ページ図A参照）。

一ドル＝三〇〇円になると、日本円は一〇〇〇万円のままだが、米ドルは三〇〇〇万円に殖える（一〇万ドル×三〇〇円）。円換算では、合計四〇〇〇万円になる。元の保有資産の二倍だ（一二五ページ図B参照）。

一ドル＝一〇〇〇円では、日本円は一〇〇〇万円のままだが、米ドルは一億円に殖える（一〇万ドル×一〇〇〇円）。円換算では、合計一億一〇〇〇万円だ。元の保有資産の五・五倍に殖えている（一二七ページ図C参照）。

しかも、これはあくまでも為替変動による差益のみを計算したシミュレーションだ。ひと口に「米ドル資産」と言っても様々な種類があり、金融商品など資産の種類により運用損益が発生する。たとえば外貨預金（米ドル）なら利息が得られるし、アメリカの不動産なら賃料や値上がり益または値下がり損が

図A：1ドル＝100円が3年後に1ドル＝200円になると

米ドル

米ドル
1000万円 → 2000万円
（10万ドル）

日本円
1000万円 → 1000万円

合計
2000万円 → 3000万円

Tファンド

Tファンド（年率リターン10％で運用された場合）
1000万円 → 2600万円
（10万ドル）　（13万ドル）

日本円
1000万円 → 1000万円

合計
2000万円 → 3600万円

図B：1ドル＝100円が5年後に1ドル＝300円になると

米ドル

米ドル
1000万円 → 3000万円
（10万ドル）

日本円
1000万円 → 1000万円

合計
2000万円 → 4000万円

Tファンド

Tファンド（年率リターン10%で運用された場合）
1000万円 → 4800万円
（10万ドル）　（16万ドル）

日本円
1000万円 → 1000万円

合計
2000万円 → 5800万円

生じる。

さらに一歩踏み込んで積極的な運用をするのに有効なのが海外ファンドだ。海外ファンドの中には、魅力的な運用益を上げているものが多くある。たとえば、「Tファンド」は「MF（マネージド・フューチャーズ）」という戦略で運用される。MF戦略は先物市場で運用されるため、相場の上昇時に収益を上げる「買い建て」だけでなく、「売り建て」により相場の下落局面で収益を上げることもできる。

そのため、株が暴落するような経済危機に比較的強い傾向が見られる。実際、二〇二二年もインフレ高進に伴う急激な利上げで株式市場が大幅に下落する厳しい市場環境の中、同年一〇月末までの一〇ヵ月間で五二・五二%という非常に高いリターンを上げている。二〇〇三年の運用開始以来の年率リターンは、一〇・〇六%だ。

先のシミュレーションで米ドル資産を「Tファンド」に置き換えると、次のようになる。為替は三年後に一ドル＝二〇〇円、五年後に一ドル＝三〇〇円、

図C：1ドル=100円が7年後に1ドル=1000円になると

米ドル

米ドル
1000万円 → 1億円
（10万ドル）

日本円
1000万円 → 1000万円

合計 2000万円
→1億1000万円

Tファンド

Tファンド（年率リターン10%で運用された場合）
1000万円 →1億9000万円
（10万ドル）　（19万ドル）

日本円
1000万円 → 1000万円

合計 2000万円
→ 2億円

七年後に一ドル＝一〇〇〇円になると仮定する。「Tファンド」の年率リターンは一〇％として計算した。

一ドル＝一〇〇円が三年後に二〇〇円になると、投資した一〇万ドルは約一三万ドルに殖えるから、円ベースでは二六〇〇万円になる。五年後に三〇〇円になると、投資した一〇万ドルは約一六万ドルに殖えるから円ベースでは四八〇〇万円だ。七年間運用すると、さらに大きく殖える。投資した一〇万ドルは約一九万ドルに殖え、為替が一ドル＝一〇〇〇円になると、円ベースでは一億九〇〇〇万円になる。日本円の一〇〇〇万円と合わせて二億円となり、元の保有資産の一〇倍に殖えることになる。

何も手を打たず、二〇〇〇万円を円資産のまま保有していたらどうなるか？もちろん二〇〇〇万円のままだ。「儲からなくてもいい。もしも円高になれば為替差損が出るから、資産額が減らないなら円のままでいい」と考える人もいるだろうが、日本の国家破産の可能性が高まっている現在、それは極めて危険な考え方だ。

確かに為替がどんなに円安に振れようが、額面は二〇〇〇万円のまま変わらない。しかし、それは名目上の話であり、実質的な価値は大きく目減りする。国が破産すれば、通貨価値の下落に連動してインフレが進むからだ。

仮に、物価が二倍になったとする。たとえば、一〇〇〇万円の高級車は二〇〇〇万円に値上がりする。物価が上がる前なら、二〇〇〇万円でこの高級車を二台買うことができた。しかし物価が二倍になったことで、二〇〇〇万円だとこの高級車を一台しか買うことができなくなる。つまり、実質的な通貨価値は半分になったことになり、二〇〇〇万円の資産の実質的な価値は一〇〇〇万円になってしまうのだ。

もちろん、保有しているドルを円換算した金額についても同じことが言える。為替が一ドル＝一〇〇円から二〇〇円になれば、保有している二〇万ドルは二〇〇〇万円から四〇〇〇万円に殖えるが、それは名目上の話でありその間に物価が二倍になれば、四〇〇〇万円の実質価値は二〇〇〇万円に半減する。つまり円安で儲かるわけではなく、円の価値下落（インフレ）をヘッジし、当初の二〇〇〇万円の価値を保全したということになる。

しかし、これはあくまでも理屈上の話だ。実際、破産した多くの国では、物価がすさまじい勢いで高騰し、大幅に減価した自国通貨で暮らす現地の人々を苦しめるわけだが、対照的にたとえば米ドルを使うアメリカ人から見ると、現地の物価は非常に安いというのが典型的なパターンだ。

二〇二二年九月現在、年率一〇〇％に迫るハイパーインフレに見舞われているアルゼンチンの物価とアメリカの物価を比べてみよう。世界各地の生活費をデータベース化する「Expatistan」のホームページによると、二〇二二年一〇月二五日時点で食べ物はアメリカより四〇％安い。たとえば、ビジネス街のランチメニュー（ドリンク付き）は、アメリカの一八ドルに対してアルゼンチンでは一四ドル（二一五四アルゼンチンペソ）と、二一％安い。また、住居費はアメリカより七二％安い。通常のエリアにある広さ八五平方メートルの家具付き物件の月間賃料は、アメリカの一七九四ドルに対してアルゼンチンでは四四六ドル（六万九〇八〇アルゼンチンペソ）と七五％安くなっている。日用品や薬品なども、アメリカより五九％安い。被服費や携帯電話の通話料、ｉＰａｄの代金など、アルゼンチンの方が高いものもあるが、ドルに換算した生活費の合計ではアメリカよりもアルゼンチンの方が五一％も安いのだ。

なぜ、このような違いが生じるのだろうか？　それは、インフレの進行よりも通貨価値の下落（逆に言えば、相対的なドルの価値上昇）の方が大きいからだ。実際にデータを示そう。一三二ページの図はアルゼンチンの消費者物価指数の推移、一三三ページの図はドル／アルゼンチンペソ相場の推移を示したチャートだ。両者を、アルゼンチンが変動相場制に移行した二〇〇二年からの約二〇年間で比較してみる。

消費者物価指数は二〇〇二年の三二・五七から二〇二二年の一五八三・九八（推計値）まで約四八・六倍になっている。一方、アルゼンチンペソは二〇〇二年の一ドル＝一ペソから二〇二二年一〇月の一ドル＝一五五ペソまで下落している。ペソに対するドルの価値は、一五五倍になったわけだ。ざっくり言えば、この二〇年間でアルゼンチンの物価が五〇倍になったのに対して、ペソに対す

アルゼンチンの消費者物価指数の推移

2001年	25.88	2012年	78.60
2002年	32.57	2013年	86.95
2003年	36.95	2014年	データなし
2004年	38.58	2015年	データなし
2005年	42.30	2016年	168.27
2006年	46.91	2017年	211.47
2007年	51.05	2018年	283.96
2008年	55.43	2019年	436.02
2009年	58.91	2020年	619.21
2010年	65.07	2021年	918.96
2011年	71.43	2022年	1583.98

2022年は、2022年10月時点の推計
IMFのデータを基に作成

変動相場制移行後のドル/アルゼンチンペソ相場

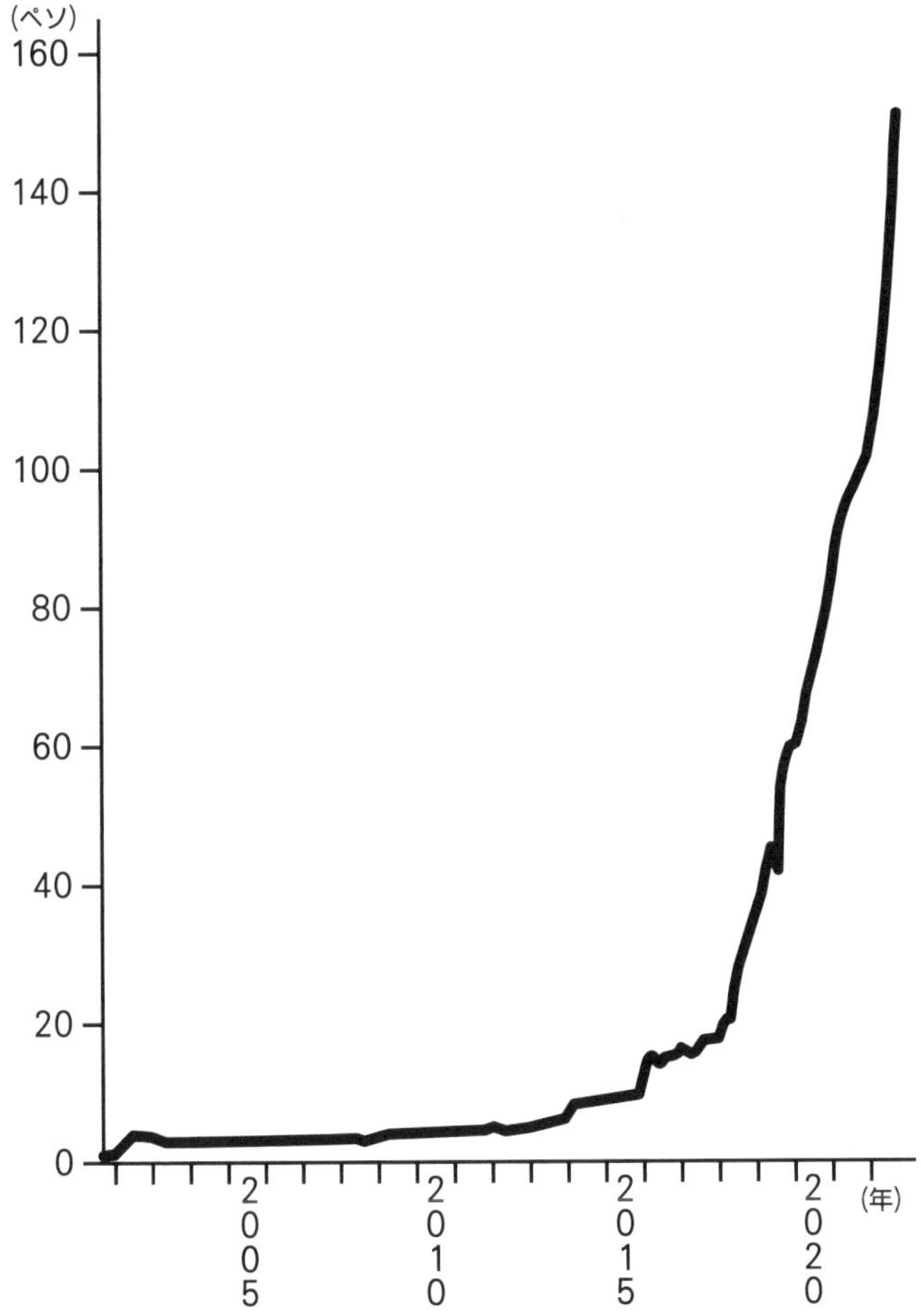

るドルの価値は一五〇倍になったということだ。

「Expatistan」のホームページのデータによれば、アルゼンチンの生活費（ドルベース）はアメリカの半分ということになるが、実際にはさらに割安だと考えられる。なぜなら、同ホームページのデータは公式の為替レート（一ドル＝一五五ペソ）で計算してあるからだ。すでに述べたように、公式レートでのドルの入手には制限があるから、大部分のドルは非公式のブルーレートで取引される。ブルーレートで入手するドルは、公式レートに比べ二倍以上割高だ。仮に、ブルーレートつまり実勢レートを公式レートの二倍弱、一ドル＝三〇〇ペソとすると、前述の二一五四アルゼンチンペソのランチメニューは約七ドルになる。アメリカの一八ドルよりも六一％も安いのだ。

この二〇年間のアルゼンチンでのインフレと通貨安の状況を日本に置き換えて整理してみよう。二〇年間で物価が五〇倍になった。為替レートは一ドル＝一〇〇円から一ドル＝五〇〇〇円になれば、ドルでインフレをヘッジできる（つまり実質的には損も得もない）が、実際には一ドル＝一万五〇〇〇円まで円安／ドル高が進んだ。ただし、これはあくまでも公式レートであり、多くの取引に使われる実勢レートは一ドル＝三万円になっていた、と置き換えられる。物価上昇に比べ、ドルは六倍価値を高めたということだ。

わずか一年半の間に物価が一兆％、つまり一〇〇億倍に暴騰した一九二三年頃のドイツで、外国からやってきた男七人がベルリンで豪遊しても〝一ドル〟も掛からなかったという逸話があるが、国家破産した国にてドルがいかに強いかがよくわかる。

バブル崩壊後の三〇年、日本は国民の給料がほぼ変わらず、物価もほぼ変わらず、経済成長もほぼないという状態が続いた。そのため、閉塞感こそあれ購買力が落ちて生活に困窮する状況にもなりにくかった。

しかし、「井の中の蛙大海を知らず」。その間、先進国、新興国を問わず他の多くの国はそれなりに経済を成長させ、ＧＤＰも増加、物価も上昇し、国民の給料も増えた。仮にＧＤＰ成長率、物価上昇率、国民所得がそれぞれ年に三％ずつ上がって行ったとしよう。すると二四年後には、それぞれ約二倍になる。

それに対して日本は、成長率も物価上昇率も国民所得も二四年前のままほとんど変わらない。気が付けば、井の中の蛙の日本人は世界から大きく取り残され、日本は国家破産へと突き進んでいる。

国家破産に陥った国では、人々を「天国と地獄」とも言うべきほどに二極化する。あなたが向かうのは天国か？　はたまた地獄か？　両者を分ける最大のポイントが、「米ドルを十分保有しているかどうか」にあることは、疑いようがない。

第四章
〈対策編〉今すぐドルとダイヤを買いなさい

今起きているのは「ただの円安」ではない!!

二〇二二年一一月のある日、私は本書の執筆の合間に残りも少なくなった手帳をめくって、この一年を思い返していた。その時に、ある予感めいたものを感じた。二〇二二年という年は、後に振り返ってみれば歴史的転換点となるということを。改めて、二〇二二年にどのような重大事が起きたのか、非常に簡単に振り返ってみよう。

まず、この年最大の事件と言えば、二月二四日に突如として勃発したロシアのウクライナ侵攻だ。おそらくこの事件は、一九八九年の冷戦終結以降、「米国一強」となっていた世界の勢力図が大きく様変わりする重大な契機となった事件として、後世から認識されることになるだろう。

二〇世紀後半を覆っていた米ソ冷戦の対立構造がアメリカ勝利の形で終わり、二一世紀初頭はアメリカの秩序によるグローバル経済の進展が、世界中の経済に恩恵をもたらした。

しかしそれは長続きせず、やがて「一〇〇年に一度」の金融危機を経て徐々に変質し、新興国のみならず先進国の中にも徐々に自国第一主義、内向き主義が芽吹き始めた。トランプ前米大統領の「アメリカ・ファースト」発言などはその象徴だが、ただいずれの国も本格的な衝突にまではおよんでいなかった。

しかしロシアは、「ウクライナはロシアの一部である」という「自国の論理」を公然と振りかざし、アメリカが主導してきた国際秩序に武力行使で真っ向から立ち向かったのだ。これは単に「ロシアが覇権国家アメリカに挑戦した」、という意味に留まらない。民主主義や自由主義経済、果ては人権、環境といった、西側諸国がこれまで掲げてきたイデオロギーへの挑戦でもある。

このプーチン・ロシアの挑戦の成否はわからない。しかし、ロシアと同様に西側のイデオロギーとは異なる「自国の論理」を抱える国々にとっては、武力行使も現実的な選択肢になり得るという意味で非常に重大な事件となったことだろう。今後、別の場所でもさらなる紛争が勃発する可能性が高まったことは疑いようがない。特に問題は、日本の目の前の台湾だ。

世界はこれから、「宥和《ゆうわ》と統合・共栄」といった穏やかな流れから、「分断と対立、そして衝突と動乱」という激動期に突き進む危険が高まっている。これは、私が以前から指摘していた『八〇〇年周期』の流れともピッタリ符合する。

また、二〇二〇年から続いていた新型コロナウイルスの流行が、三年もの間爆発的流行を見せたことも大きい。マスク着用、行動制限、ワークスタイルの変化など、感染対策のために取られた人々の行動様式の変化は、いまやすっかりと人々に定着し、人々の考え方すらも大きく変えた。

実は、この事実は極めて重大だ。たとえば、コロナ前なら当たり前だった「親の死に目に会う」ことも、コロナ禍によって叶わなくなった。若者の中には、学校で知り合った友人の素顔をほとんど知らず、また人前でマスクを取るのが「人前で下着を脱ぐのと同様に」恥ずかしいという者も少なくないという。また、「働く」という行為が通勤を伴わないことも常識になりつつある。

こうした変化は、やがて人々の根本的な考え方すら変えて行くだろう。「まさか」と言うなら、思い返してほしい。昭和の時代は、今に比べてはるかに野蛮で粗野、そして別の言い方をすればエネルギーにあふれていたことを。学生が政治運動に熱を上げ、暴力行為や破壊行為を行なって大学を閉鎖に追いやり、かと思えば教師は生徒に平気で体罰を加えていた。「セクハラ」などという概念はまだなく、またタバコはどこでも吸えるのが常識だった。電車の車内、職場の机、果ては病院の待合でも吸えたのだ。

今なら到底信じられないことだが、四〇年も時代が移ろえば、人々の常識も行動もまったく様変わりするのだ。新型コロナで変容した生活様式から、新たな常識が生まれることはむしろ当然である。新型コロナ収束後の社会は、今の私たちから見れば驚がくと言っていいほどに変わって行くことだろう。

また、日本の一般庶民にとっては二〇二二年に本格化したインフレも、非常に大きな出来事として記憶されるだろう。一九九〇年のバブル崩壊以降の「失われた三〇年」とも言われた低成長時代は、デフレの時代でもあった。その象徴として語られるマクドナルドでは、二〇〇二年にはハンバーガーが五九円

（税別）で売られていた。現在が一五〇円（税込）だから、半値以下である。ほかにも、牛丼一杯が二八〇円など、特に外食を中心として物価は非常に低く抑えられてきた。日用雑貨も「一〇〇円均一ショップ」などが隆盛を極め、ユニクロが低価格かつ高機能な衣料で爆発的ヒットを飛ばした。庶民の賃金上昇は抑えられたが、代わりにデフレが庶民生活の味方となっていたのだ。

しかし、その流れが二〇二一年に入って大きく変わった。世界的なインフレトレンドが日本の物価にも波及し始めたのだ。それが、二〇二二年に入って加速化した。主要食料品やエネルギーなどが高騰するに従って、今まで安値で抑えられていた様々な商品、サービスは値札のかけ替えを余儀なくされた。あるいは、お値段そのままで中身を減らす「ステルス値上げ」も横行した。

三〇年にもわたって物価が上がらないことに慣れ切った私たち日本人は、これから「インフレ」という新しい常識と真剣に向き合って行かなければならなくなるのである。

そして、本書のテーマでもある「為替」も、二〇二二年に大きな転換点を迎えた重大事である。第二次世界大戦後の日本経済の急速な復興・発展に軌《き》を一《いつ》にして、為替は一貫して円高に推移してきた。一九四九年のＧＨＱによる単一為替レート設定によって一ドル＝三六〇円に固定されて以降、二〇年以上固定相場が維持された。

しかし、一九七一年のニクソンショックとそれに続くスミソニアン協定で三〇八円という円高のレートに変更され、さらに一九七三年の変動相場制に移行すると、途中大幅な揺り戻しを経ながらも一貫して為替は円高基調にあったのだ。「バブル崩壊」「アジア通貨危機」「リーマン・ショック」と続く金融危機という歴史的事件があったにも関わらず、「強い円」は保たれた。そして、二〇一一年一〇月には史上最高値の七五円三二銭を記録した。

だが、この二〇一一年が為替に関しては、「大底」（円の価値という意味では「天井」）となった。実は、為替の相場トレンドはここから一貫して円安に推移してきているのだが、それを明確に実感している方はあまり多くないように見受けられる。二〇一三年に目安の一〇〇円を突破、二〇一五年には一二五円近辺まで円安が進むものの、その後為替は長い膠着《こうちゃく》状態に入り、二〇二一年夏頃までは一〇〇～一一〇円を挟む小動きに終始していたことが、そうした「長期円安トレンド」入りを実感しづらい要因かもしれない。

しかし、ここにきての急速な円安で潮目は完全に変わった。その原因は、第一章でも触れた通りだ。なにしろ、日本には莫大な政府債務があり、それを日銀が国債という形でしこたま抱え込んでいる。金利を上げれば国債価格は暴落し、日銀は莫大な含み損を抱えることになる。国債が暴落すれば、今後の国債消化にも影響がおよぶ。

残念なことに、すでに政府財政は国債の発行なくしては回して行けないほどに借金に依存している。財政を維持するために国債の安定消化は至上命題だ。しかし国債価格を維持すれば必然的に低金利となり、インフレ対策を行なう先進諸国との金利差は拡大の一途をたどる。金利の低い円は売られ、円安が進行する。円安によって輸入価格が高騰すれば、インフレが加速する危険がある。

これを抑制するために日銀が為替介入を行なっているが、これは日本の外貨準備が原資であり、当然限りがある。弾を撃ち切ってしまえば、もはや手はなくなる。この構造は、日本政府の天文学的債務が解消しない限り、どこまでも付いて回ることになる。つまり、もう日本の財政は円安を容認する道しか残されていないのだ。したがって、円安は一五〇円で終わりなどということは決してあり得ない。ウクライナ侵攻が（そしてその裏でずっと進行している中国のすさまじい台頭が）米国一強というヘゲモニー（覇権）の転換点となり、新型コロナとインフレが私たち日本人の生活様式や常識の転換点となったように、為替においての二〇二二年の円安は、これからの為替の方向性を定める極めて重大な転換点なのだ。

それは、戦後の固定相場から超長期での円高トレンドが終焉し、長期円安トレンドに転換した二〇一一年以降から、初めて人々が広く「日本の円安トレンド本格化」を決定的に認識した重大な事件である。おそらく今後、内外の投資家たちや一般個人ですら、為替については常に「円安」を意識して行くことになろう。

もちろん、短期的には世界情勢の変化や景気動向によって、一時的に円高に振れることも十分にあり得る。ただそれは、ごく目先の話である。長い目で見れば、日本には円安を加速させる要因しか残されていない。

今までは、円高基調が日本の常識であったが、もはやこれからは円安を新常識として据える時代である。厳密に言えば、一〇年前からすでに円安の時代に突入しているが、多くの人々が円安を認識したという意味で今年の円安は極めて重要である。ぜひ読者の皆さんには、そのことを心にしっかりと刻み込んでこれからの時代に臨んでいただきたい。

円安時代の新常識とは?

今、本書を手にしている読者の皆さんのほとんどが、七〇年以上の長きにわたって続いた超長期円高トレンドに生きてきた人たちだろう。それが、「円安の時代に合わせた新しい常識を備えよ」と急に言われても、ピンとこないかもしれない。もちろん、本書をお読みになるくらいの皆さんであるから、円安がどういうものなのか、何が起きるのかを大まかに想像することはできるだろう。しかし、本当に実感を伴って円安の時代がどんなものかを理解するのはなかなか難しいかもしれない。

そこで簡単に、私たちの身近な例としてどんなことが起きるのかをシミュレーションしてみよう。まず、これからの円安時代に国民の大多数はどんどん貧しくなって行く。これは、国家破産するかどうかに関わらない。どうしてそうなるかと言うと、前章まででも解説した通り、〝物価が上がる〟からだ。

日本の場合、食糧や資源、エネルギーといった現代生活に必須の品目の多くが海外からの輸入に強く依存している。こうした品目は基本的に米ドル建てで取引されるわけだが、円安が進めば円は購買力が低下し、輸入品の価格は必然的に高騰することになる。当然、消費者の物価にもこれが反映されることになる。日本は長らく低成長時代にあり、賃金の上昇が海外と比べても大きく劣る。

さらに、政府財政が危機に陥れば、年金財政も崩壊の危機を迎える。年金が減らされることはあっても、インフレ率を上回って大きく上昇することなど決してない。収入は低いまま、支出だけが増大するのだから、貧乏になって行くのは当然のことなのだ。

そしてさらに、円安＝相対的な円の価値減少によって、日本円で保有する資産は実質的にどんどん目減りして行くことになる。まさに本書のタイトル通り、「円建て貧乏」になるのである。

総じて貧乏になって行くのだから、今まで常識だったモノやコトがどんどんあなたにとって高額で贅沢なものになって行く。まず、海外旅行は高嶺の花となり、ごく限られた富裕層の道楽になるだろう。海外旅行先の土産物も「高級品」扱いとなり、知人にプレゼントすれば珍重され、その旅行体験に羨望が集まるだろう。ちょうど一九六〇〜七〇年代がそうした時代だった（ジョニ黒が貴重なお土産として珍重された）が、その頃に逆戻りするというわけだ。

海外旅行だけに留まらない。たとえば車を使って長距離のドライブなどというのも、立派な贅沢になるだろう。ガソリン価格が高騰し、とてもではないが

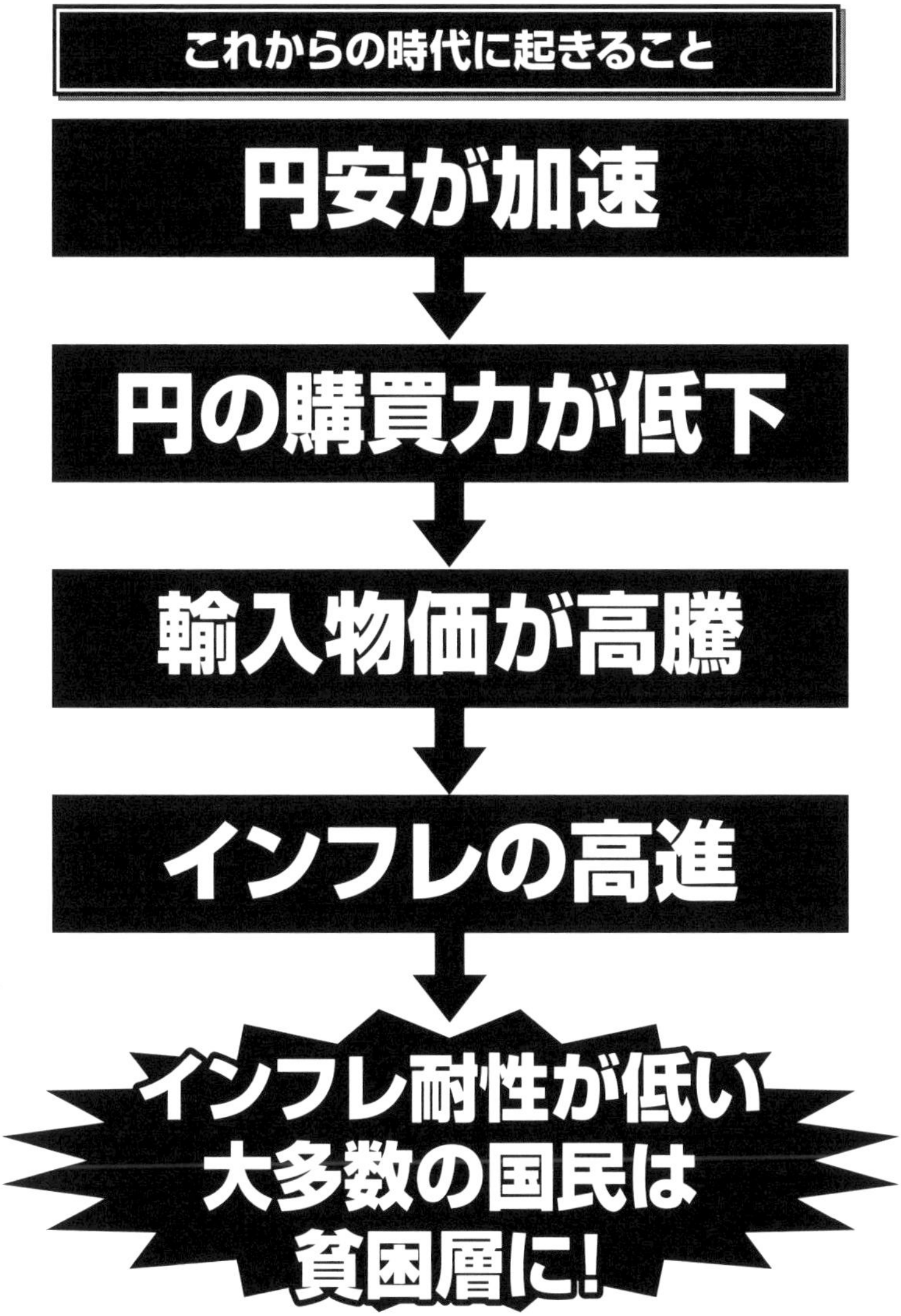
これからの時代に起きること
円安が加速
円の購買力が低下
輸入物価が高騰
インフレの高進
インフレ耐性が低い
大多数の国民は
貧困層に!

「ちょっとした趣味」としてドライブを楽しむことなどできないからだ。

車以外にも、今国民に普及している「趣味」や「道楽」の多くを、庶民は諦めざるを得なくなるかもしれない。お金の掛かる趣味としてよく挙げられるゴルフ、ファッション、美術品・骨董品収集、オーディオ、楽器などは、およそ「穀潰しの道楽」というのが世間の常識として定着するかもしれない。

外食は、著しい二極化が進むだろう。記念日などに気を張って出掛けるレストランなどは、「宝くじが当たったら一度は食べたい」というほど手の届かない高級店になる。日常的に使っているランチのお店も、給料日に「自分にご褒美」するような贅沢となる。一方で、一部のファストフードやワンコイン定食は徹底的な低価格戦略で庶民の味方になるだろう。ただし、食材の質も味も提供サービスも「辛うじて食べられるレベル」のものとなる。多くの人たちは、なるべく外食を避けて内食による極端な倹約生活を送ることになるだろう。

そして見逃せないのは「国民総貧乏化」によって人々の心も貧しくなるという点だ。厳しい倹約生活を強いられ、趣味や娯楽にも乏しい人々の心がすさんで行く結果、富める人への羨望や嫉妬はより強くなるだろう。さらに「貧すれば鈍す」で、犯罪が激増し治安悪化にもつながって行く。もしあなたがそれなりに資産を持っている人でも、そうした時代には日頃の立ち居振る舞いには特に気を付けることだ。それとわかるようなものを身に着けたり、裕福な生活様式を見せ付けたりすれば、要らぬトラブルに巻き込まれる危険が高まる。円安時代には、身を護るための新しい常識も身に付ける必要があるだろう。

どれだけ円安になるのか？

さて、円安時代には新たな常識が必要となることを見てきたが、もう一つ皆さんに認識を新たにしていただきたい点がある。それは、円安がどれだけ進行する可能性があるのか、という点だ。第二章では「一ドル＝一〇〇〇円もあり得る」と言ったが、実はそんな程度では留まらない可能性すらあると考えている。「まさか、そんなことあるわけないでしょう！」とお思いかもしれない。なにしろ、一〇〇〇円ですら現在の一五〇円近辺から見て約六・六倍（正確には円安になるほど価値は減価するので六・六分の一）にもなるのに、さらにそれより円の価値が下がるなどあり得るものか‼――そう考えるのも無理はない。

　しかし、日本はかつてそれよりも苛烈な円安を経験しているのだ。そして、現在の日本の状況はある意味でその時よりもひどいのである。したがって、前回の苛烈な円安が再来する可能性は、決して低くはないだろう。

　その苛烈《かれつ》な円安が起きた時期とは、太平洋戦争を挟む一九三〇年代末から一九四〇年代の一〇年間である。日本は一九三七年に中国との戦争に突入（日中戦争）しており、社会は戦時体制に向けて急速に変化していた。一九三九年には国民徴用令が公布され、金《きん》製品の回収や男子の長髪禁止、女子のパーマネント禁止などが決められて生活様式が一変した。五月にはノモンハン事件が勃発、ソ連とも決別する。この時期の為替は、一ドル＝四・二五円だった。

　そして、一九四一年にはアメリカとも戦端を開き日本は破滅への道を転がり落ちて行った。国民から物資も富も吸い上げ、さらには人命すらも突撃兵器に変えて行った総力戦もむなしく、一九四五年に日本は敗戦する。ＧＨＱが進駐し事実上の占領統治が始まるとＧＨＱによって軍用交換相場が定められ、これが一ドル＝一五円に設定された。

ＧＨＱの占領統治下で急速なインフレが進むにつれ、軍用レートもたびたび引き上げられた。一九四七年三月には一ドル＝五〇円、一九四八年七月には一ドル＝二七〇円となった。そして、一九四九年二月、高進するインフレを終息させるべくドッジラインが制定されると、急速な金融引き締めの代償としてカネ詰まりとなった企業が次々倒産し、大量の失業者が出た（安定恐慌）。

しかし、これによってインフレは終息、円の価値が安定したことで一九四九年四月にＧＨＱが新たな為替レートを施行する。これが、一ドル＝三六〇円の始まりとなった。以降、一九七一年のニクソンショックとこれを受けて取り交わされたスミソニアン協定によって新たな為替レートが設定されるまで、およそ二〇年間にわたって為替は三六〇円に固定されることとなった。

さて、改めて数字を追い掛けてみよう。一五五ページにその流れと倍率をまとめたが、その円安幅の大きさは驚くべきものである。一九三九年に四・二五円だったレートが、一〇年後の一九四九年には三六〇円にもなっているのだから当然だ。この一〇年で、為替は「約八四・七倍」になったのである（正確には円の価値は八四・七分の一になった）。念のため言っておくが、八四・七％の上昇ではない。八四・七「倍」である。仮に、二〇一一年の戦後最高値である七五・三二円を起点としたとすれば、一〇年後の二〇二一年には一ドル＝約六三八〇円になったというような話だ。

これで驚くなかれ。一九三九年以前のドル／円には、さらに円高の時代があった。世界恐慌の影響冷めやらぬ一九三二年には、一〇〇円当たり四九ドル強だった。一ドルに換算すると二円ちょっとである。その時点から考えると、戦後の固定レートは一七年で「約一七〇倍弱」にまでなったという計算だ。二〇一一年の戦後最高値時点に当てはめると、二〇二八年には約一万二八〇〇円になるという話で、もはや驚くというより唖然《あぜん》という方がふさわしい。

おそらく、読者の皆さんの中にはこういう疑問があるだろう。「戦争という特

戦前〜戦後のドル／円の推移

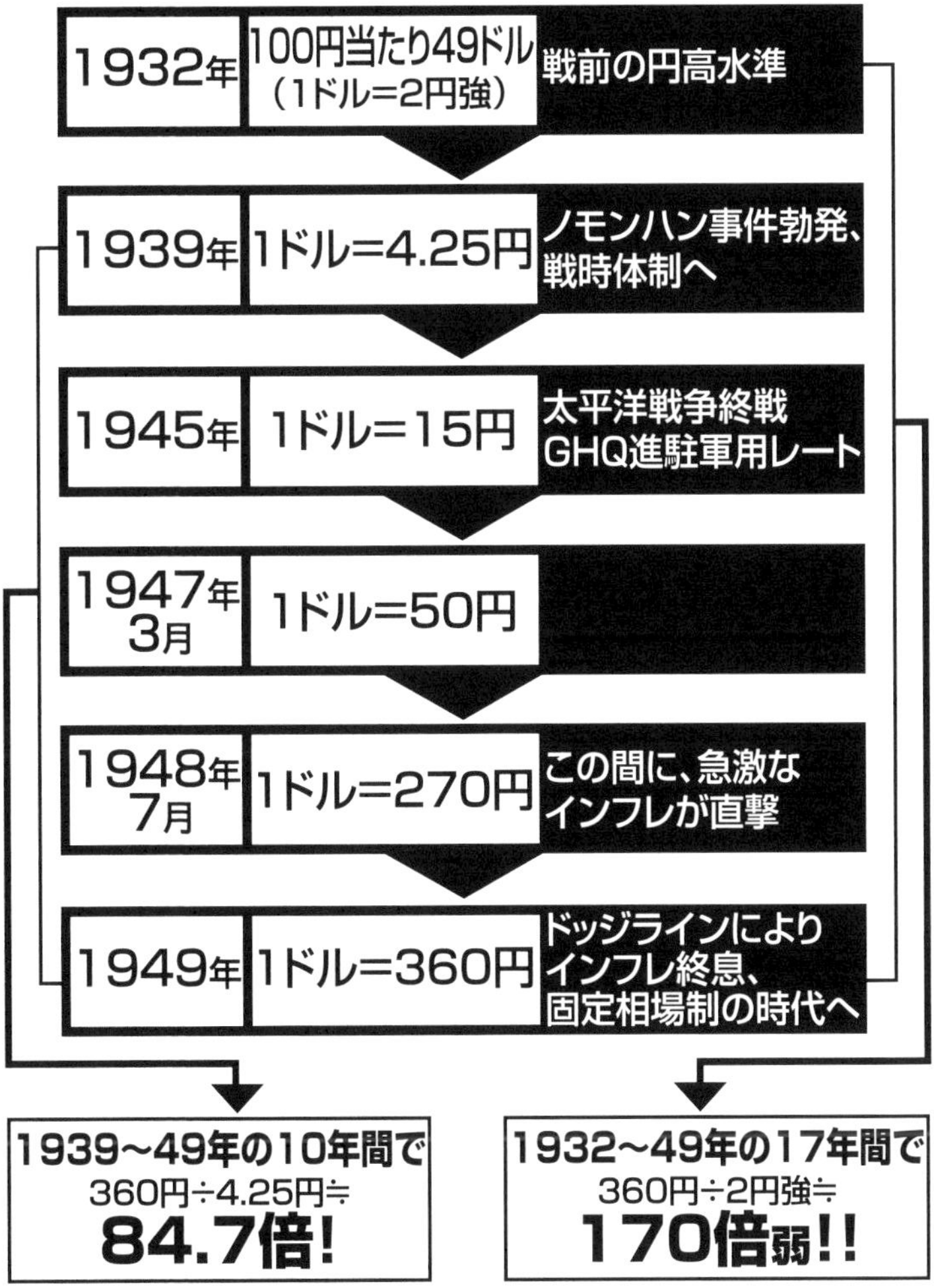

1932年	100円当たり49ドル （1ドル＝2円強）	戦前の円高水準
1939年	1ドル＝4.25円	ノモンハン事件勃発、 戦時体制へ
1945年	1ドル＝15円	太平洋戦争終戦 GHQ進駐軍用レート
1947年 3月	1ドル＝50円	
1948年 7月	1ドル＝270円	この間に、急激な インフレが直撃
1949年	1ドル＝360円	ドッジラインにより インフレ終息、 固定相場制の時代へ

1939～49年の10年間で

360円÷4.25円≒

84.7倍!

1932～49年の17年間で

360円÷2円強≒

170倍弱!!

殊事情があるのだから、そのまま当てはめて計算できないだろう」と。もちろん、敗戦国に対して戦勝国が制裁的な為替レートを設定するというのは、十分にあり得るだろう。ただ、敗戦こそしたものの、それまでの日本はアジア覇権を画策する程度には進んだ国であった。さらに、ＧＨＱ統治下で世界情勢は急速に変化した。ちょうど米ソ冷戦構造が深刻の度を増した時期である。全人類が核兵器で滅亡しかねないという猛烈な緊張下にあって、極東の要衝としての日本の重要性は否応なく高まっていた。実際、ＧＨＱは日本の潜在的経済力を高めることで共産勢力に対抗することを画策し、終戦から二年後の一九四七年には制限付きながら民間貿易を再開する決断を下した。

さらにインフレが高進すると、日本経済が疲弊するのを抑えるべく、〝ドッジライン〟という劇薬を投下し、一時的な不況に陥ったものの日本経済を安定軌道に乗せることに成功した。つまりＧＨＱは、日本を搾取しようとしたというより様々な策を講じて西側勢力の極東経済拠点として育成しようとしたのだ。

この文脈から考えると、為替レートを制裁的なものにする意味は薄い。順当に考えて、単純に国力比較でレートを計算したというのが現実的だろう。

そう考えると、戦争で莫大な債務を負った日本政府が、「高インフレ」と「財産税」によってその債務を実質的に減殺して行った過程で通貨価値が下落し、「一〇年間で八四・七倍」の為替レートになったことは、ごく自然と言えるだろう。また、戦後の五年間で物価はおよそ七〇倍になったが、直感的に言ってこの物価上昇率とも大まかには整合する。

総合して、この為替レートは、当時の日米間の国力実勢が反映されているのではないかと考えられる。つまり、戦争をかなり特殊な公共事業の一つと考えて、それによって生じる莫大な政府債務、そして敗戦＝事業の失敗によって財政破綻したととらえるならば、敗戦処理＝破綻処理によって著しく為替レートが円安に振れたという帰結は、非常に普遍的な流れだったということだ。

そして、理由はどうあれ国が事業で莫大な債務を抱え、果てに国家破産すれば、同様の通貨暴落は十分に起きるだろうということだ。

さて、振り返って現代日本である。大まかな数字で見て行くと、日本の国富は二〇一八年末で三四五七・四兆円である。一方、二〇二〇年度末の政府債務は大まかに約一二〇〇兆円強となっている。国富に占める政府債務の割合は、約三五％だ。一方、敗戦のドサクサにまみれた一九四六年の国富は四〇〇〇〜五〇〇〇億円あり（昭和財政史）、政府債務は正確な数字は定かではないが、占領地で発行した軍票なども含めると約二〇〇〇億円強とも言われる。国富の約四割が政府債務という計算だ。

一般的な公共事業、たとえば道路や橋の建設などは、その後そうしたインフラが大きな経済効果を生み、国がさらに豊かになるという「リターン」を期待できる。しかし、戦争は作り出したものを壊し、やがて戦争が終われば残った物も用なしになる。基本的に、勝たなければただの浪費に終わる事業だ。一点だけ救いがあるのは、「やめる」と言えばやめられるし、やめれば借金はそれ以上増えないという点だ。

一方で、現在の債務の主な要因は「社会保障」である。年金は高齢者に支給するが、果たしてこれが経済効果を生むのか。介護や医療はその分野の経済に一定の効果はあるだろうが、果たして莫大な投資に見合う「国家としてのリターン」がある事業と言えるか。もちろん、社会保障が国民の福祉という特殊な目的にあり、「投資対効果」で議論する性質のものではないということは重々承知している。しかし、福祉を大盤振る舞いして赤字を垂れ流す国家の有り様《よう》は、実入りに見合わない生活をサラ金から借りた借金でやりくりする者とさして変わらないだろう。

話を戻そう。社会保障が一番質《たち》が悪いのは、一度始めてしまうと戦争のように「もうやめます」と言えないという点だ。特に民主主義国家においては「衆愚政治」の元凶にもなり得る。かつて栄華を誇ったローマ帝国も、政治を司る政務官になるために、有力者に賄賂を送ったり、公共事業を誘致したり、果ては国民の歓心を得るために娯楽や食糧配給などを大盤振る舞いしたという。かのカエサルですら、なるべく派手な公共事業を行なって市民の人気を集めていたという。そのローマの結末は、周知の通りだ。

私は、現代日本の財政危機は終戦後の日本よりもひどいものになる可能性すらあると見ている。その理由は明白で、戦争であれば敵が自国に乗り込んできて喉元に刃を突き付け、降伏を迫られて戦争が終わり、借金増加が止まるわけだが、今はそういう状況とはまったく違うからだ。

逆に、新型コロナ、インフレ対策のためのすさまじい大盤振る舞いにより、日本国民はさらなるばら撒きを要求する〝衆愚〟と化している。歯止めなく借金は増え続け、やがて日本政府がさらなる借金をしたくてもできない状態になるまで膨らむだろう。その段階では、恐らく戦後の財政破綻時よりも過酷な破綻処理を必要とするだろう。

戦後にＧＨＱが乗り込んできたように、今なら「ＩＭＦ」が乗り込んで改革を断行することになる。想像を絶するすさまじい痛みが国民に襲い掛かり、社会・経済の混乱が巻き起こることは間違いない。

もしそうなれば、為替が一〇〇倍どころか、二〇〇倍にだってなるかもしれない。第二章では「現実的な数字」として一ドル＝一〇〇〇円を出したが、実際には一ドル＝一万円も、二万円もあり得るということだ（もちろんそれは二〇三〇年以降のことだろう）。このことをしっかりと認識していただきたい。

これからの時代は「ドル建て資産」を持て！

なんとも絶望的な話になってしまったが、ここからは気分を変えてこうした厳しい状況を乗り切る具体的な方策を見て行こう。と言っても、それほど難しいことはない。一言で言えば、本書のタイトル通り「ドル建て」で資産を持って大切な資産を守って行くのだ。無事に守り切りさえすれば、必然的にあなたはお金持ちの仲間入りをすることになる。まさに、「ドル建て金持ち」である。

では、早速実践編として具体的に何をどう持てばいいのかを解説しよう。まず、ドル建て資産として持つべきものを大まかに挙げると一六三ページの通りになる。

①の米ドルはそのものズバリでわかりやすいが、②、③については「なぜ？」と思われるかもしれない。これは後々説明して行く。また、④についてはかな

り漠然としており具体性がないが、これも後で説明して行く。では、それぞれの資産クラスの持ち方について、具体的に説明しよう。

①米ドル

最もわかりやすく、取り掛かりやすいのが「米ドルの保有」だ。もちろん、円安対策として考えるなら他の外貨も候補に挙げられなくもないが、様々な状況、局面を想定した時、最も対応力があり安心できるのが米ドルである。本書ではあえて、「米ドル一択」という前提で話を進めて行く。

まず、資産のどの程度の割合を米ドル建てにするかだが、日本国内で円建てで投資・運用したいもの（たとえば株式や不動産など）がない限りは、生活に必要最低限の資金以外は可能な限り米ドル建てにするのがよい。

たとえば、資産一〇〇〇万円で、当座の生活に二〇〇万円程度の日本円があればひと安心という方であれば、残りの八〇〇万円は米ドル建て資産にしておくのがよい。為替が円高に振れれば資産評価額が目減りするリスクもあるが、

円安時代に持つべき資産

① 米ドル
「国内銀行の外貨預金」「現金」
「証券会社の外貨MMF」「FXの活用」

② 金《きん》（ゴールド）

③ ダイヤモンド

④ 海外での外貨資産保有

それはあくまで短期的な話と割り切っていただきたい。

前述した通り、円安が急進すれば円の価値はドルから見て三分の一にも一〇分の一にもなり得る。一方、円高はどんなに進んでも一〇〇円を持続的に割り続けることはまず考えられない。一二〇円ですら維持される可能性はかなり低いだろう。仮に一五〇円でドルに換えたとして、たかだか二割減である。二割の含み損を恐れて将来の半減や九割減を被るのはあまりにナンセンスである。

おそらく、現在（二〇二二年一一月）の一四〇〜一五〇円ですら「あの時はまだまだ全然マシだった」と思う日が来ることだろう。そうならないためには、可能な限り資産をドル建てにシフトすべきだ。もし、どうしてもそこまで踏み込んで対策できないという方でも、せめて「全資産の半分は米ドル建て」にしておくことを強くお勧めする。

次に外貨の持ち方だが、これはいくつかのやり方があり、それぞれに利点も弱点もある。海外での持ち方については「④海外資産」で扱うため、ここでは国内でのやり方に限定して見て行こう。

まず、すぐに思い浮かぶのは「国内銀行の外貨預金」だ。主要銀行では取り扱いがあり、口座開設して入金すれば誰でも簡単に始められる。その手軽さが大きな利点だが、残念ながらあまり積極的に活用を勧めるものではない。

理由はいくつかあるが、まず、長期の資産防衛を念頭に置くと、資産消失のリスクも相応に高い点だ。具体的には、外貨預金は預金保護の対象にならない。万が一、銀行が破綻しても、預金額のうち一〇〇〇万円までは保護されるが外貨預金はその対象にならないのだ。経営基盤がぜい弱な銀行の場合、そのリスクも高いため特に注意が必要だ。

また、日本の外貨預金は期待利回りが不利である点も見逃せない。世界的なインフレにより、主要各国は利上げでこれに応じているわけだが、これは預金金利にも反映される。通貨の発行国では預金金利も上がって行くわけだが、残念ながら国内銀行の外貨預金はそこからははるかに見劣りする金利しか付かない。銀行の経営環境が厳しさを増す昨今では、こうした金利差も銀行にとっては貴重であるらしく、残念ながら今後も金利上昇の期待は薄いと見た方がよいだろう。

銀行自体が破綻しなかったとしても、日本が国家破産すれば当然金融規制も大幅に強化されるだろう。預金封鎖によって資産凍結されるだけでなく、外貨預金が極めて不利なレートで強制円転される可能性もないではない。そうした状況まで考慮すると、国内銀行の外貨預金を当てにするのは賢明ではない。比較的短期に必要となる資金を円安から防衛するため、少額預けておいて随時使って行くという方法が最も実用的だろう。

次に挙げられるのが「外貨ＭＭＦ」だ。外貨ＭＭＦは、証券会社で取り扱いされる金融商品で、公社債を中心とした流動性が高く低リスクな高格付け短期金融商品に投資をする一種の「ファンド」である。米ドル建ての外貨ＭＭＦであれば、ほとんどの大手証券会社で取り扱いがある。もちろん、ネット証券でも取り扱っている。

外貨ＭＭＦの利点だが、まず挙げられるのが外貨預金に比べて保護が手厚い点だ。証券会社の口座内にある資産は、金融法制によって「分別管理」するこ

国内銀行の外貨預金

利点	・誰でも比較的容易に 円安対策を始められる
弱点	・預金保護の対象とならない （銀行の破綻リスク） ・金利が圧倒的に不利 ・預金封鎖、強制円転など 金融規制の影響を受けやすい
使い方	・日常資金を 急速な円安から守るための 「サイフ代わり」として使用

とが定められている。投資家の預かり資産と証券会社の自社資産を分けて管理するというもので、これが徹底されていればたとえ証券会社が倒産しても投資家の資産はまったくダメージを受けないということだ。

さらに、証券会社にはもう一つのセーフティネットがある。銀行と同様のペイオフの仕組みで、証券会社の破綻によって投資家が影響を被る場合、「日本投資者保護基金」が投資家一人当たり上限一〇〇〇万円までを補償する形をとっているのだ。

また、外貨ＭＭＦは銀行の外貨預金に比べると運用利回りの面でも有利だ。大まかな数字だが、二〇二二年秋のアメリカの政策金利が三％程度の中、国内主要銀行の米ドル定期預金が〇・〇一％なのに対し、外貨ＭＭＦは二％強の利回りとなっており、その差は圧倒的だ。

外貨預金ほどではないが、外貨ＭＭＦは金融商品の中でも流動性が高く、毎日金利分が分配され、また少額から取引が可能な点も利点だ。内容としても高格付けで低リスクな公社債などが投資先になっているため、運用通貨建てでの

証券会社の外貨（米ドル）MMF

利点	・比較的容易に始められる ・金利が相対的に有利 ・セーフティネットが二重で、ドル建ての元本割れリスクも低い
弱点	・預金封鎖、強制円転など金融規制の影響を受けやすい ・証券口座の開設、取引のやり取りなど銀行より若干煩雑 ・直接資金引き出しができないため、「すぐに使いたい」には対応不可
使い方	・将来利用予定のある資金をある程度まとめて預けておく

元本割れリスクも低い（もちろん、為替変動によって円建てでは元本割れするリスクがある）。

さらに、証券会社の取り扱いである外貨ＭＭＦを保有するのであれば、もう一手進めて「外国株」（特に米国株）を保有するという手もある。こちらは株価騰落のリスクもあり、銘柄選定の難しさもあるが、外貨ＭＭＦに比べても投資妙味が大きく、株価が大化けしたり、長期で見れば高配当で思わぬ運用成績が積み上がったりという嬉しい点もある。興味のある方は、取り組んでみるのも面白いだろう。

ただし、外貨ＭＭＦ、外国株式とも国家破産などの有事においては金融規制の対象になる可能性が高いという点では銀行と同様である。金融当局の命令に応じて、たとえば外貨建て資産の強制円転や資産の一時凍結措置などは行なわれる可能性がある。また、証券会社は銀行と違って基本的に現金引き出しを行なわない（一部証券会社では、専用カードを発行し店舗の専用ＡＴＭから現金引き出しが可能となっている）ため、たとえば預金封鎖が実施された場合、証券会社から資金を引き出し現金化することは実質的にはできなくなる。

これらの点を総合すると、利用方法としては、すぐには使わないが将来的には使う予定のある、まとまった資金を円安対策として預けておくというのが実用的だろう。平時には一週間程度もあれば現金化できるため、それに見合った資金を入れておくとよい。

三つ目は、「外貨現金の保有」だ。これが最もわかりやすく、また原始的な方法とも言えるが、実は最近になってそれほど簡単にできるわけではなくなっており、注意が必要だ。

数年前までは、多くの銀行で外貨両替を行なっていたため、銀行に行けばとりあえず入手ができたのだが、二〇二一年以降大手銀行を中心に外貨取り扱いが終了、または取り扱い店舗の縮小を行なっている。このため、銀行以外の入手方法をきちんと押さえておく必要が出てきたのだ。

銀行がなぜ外貨取り扱いを終了したのかと言うと、簡単に言えば外貨現金にまつわるマネーロンダリングやテロ資金供給などの犯罪手口の抑止のためである。また一方で、外国人観光客の積極的誘致のため、外国人にも対応した外貨両替機の設置や両替業者の増加などの事情もあり、外貨現金は専門の両替業者か両替機を利用するのがこれからの常識になりつつある。

大都市の主要駅近辺には両替所や両替機があるほか、以前のように空港など海外旅行の玄関口にもカウンターやATMが設置されている。また、最近ではインターネット専業の業者もあり、自宅まで購入した外貨を宅配してくれるところもある。意外なところでは、地域の観光案内所や観光協会が両替機やカウンターを設置しているところもある。ご自身の生活圏内に、こうした場所がどれだけあるかを探しておくのがよいだろう。

さて、外貨現金保有の利点だが、手元にある現金のため没収リスクが低い点がある。また、国家破産のような有事には、手持ちのサバイバル資金として絶大な威力が期待できる。事実、かつて国家破産した国々のほとんどで自国通貨の代わりに米ドルが求められ、重宝されてきた。資産価値を手軽に守れるという以上に、ヤミ屋での取引で実際に用いられるという場合もかなりあった。こ

外貨（米ドル）現金

利点	・国家破産の有事に圧倒的な強み ・没収リスクが低い
弱点・注意点	・金利が付かない ・盗難・紛失・消失などに注意 ・大量に持ちすぎると扱いに困ることに ・相対的に手数料が割高
使い方	・有事のサバイバル原資として、比較的少額を小額券面（1ドル、2ドル、5ドル）中心に持つ

れからの激動の時代には必ず持っておくべき資産と言えるだろう。

ただ、米ドル現金はほかの保有方法にはない注意点、弱点がある。まず、現金には金利が付かない。当たり前だが、金庫やタンスに入れておいてもまったく殖えることはないのだ。ほかの保有方法に比べても、この点は圧倒的に不利である。

また、両替に掛かる手数料はほかの方法に比べて圧倒的に高い。両替手数料は、銀行では片道〇・五～一円、証券会社では片道数十～五〇銭、FXでは数銭～一〇銭程度の為替手数料が掛かるが、外貨現金の場合三～五円程度掛かることがほとんどだ。実際には外貨から日本円に戻す時にも手数料が掛かるため、負担はこの倍となる。

現物の資産となるため、紛失や盗難、消失のリスクにも十分注意しなければならない。額が大きくなれば、保管にもより神経を注ぐ必要があり、なかなかの負担となる。

こうしたことを考慮すると、米ドル現金はあくまでも国家破産による有事のサバイバル原資を主な目的として、あまり大量に持たないようにするのがよい。目安として、現在の生活費の三～六ヵ月分程度までが適切だろう。ただし、資産家の方で心配症の方は生活費の一年分を保有してもよい。また、有事に使うことを想定して、なるべく小額券面のもの（一ドル、二ドル、五ドル）を保有するのがよい。また前述の通り、両替所での両替となると金額上限が決められている場合もあるので、少額をコツコツと両替して行くのが賢明だ。

もう一つ、毛色の変わった米ドル保有方法も紹介しておこう。「ＦＸ（外国為替証拠金取引）」だ。証券会社と同様、ＦＸ業者に口座を開設し、資金を預け入れることで外国為替取引が行なえるというものだ。

米ドルだけでなく、ユーロ、英ポンド、豪ドル、ＮＺドル、カナダドルから、トルコリラ、南アフリカランド、メキシコペソなどの新興国通貨の取り扱いもある。対円での取引のほか、たとえば米ドル／ユーロや豪ドル／英ポンドのように外貨同士のペアでの取引も行なうことができる。少額を元手に大きな額の取引を行なうことができ（レバレッジ取引：二五倍まで可能）、また買い建てのみならず売り建てから取引することもできる。さらに、金利の低い通貨を売って金利の高い通貨を買う取引の場合、金利差によって発生する利益を得ることもできる（スワップポイント）。

ＦＸといえば、先物取引に次いで危険な取引というイメージをお持ちの方もいらっしゃるかもしれない。しかし、適切にリスク管理すれば外貨ＭＭＦ同様、あるいはそれ以上のメリットを享受することもできる。

詳細は割愛するが、一番わかりやすいのはレバレッジを掛けず、ドル／円に取引を限定することだ。また、万が一の為替変動や金利変動によって、含み損が出ても対応できるよう、実際の取引額より証拠金を多く積んでおくことも重要である。

ＦＸ最大の利点は、実はこのレバレッジ取引にある。少額の資金で規模の大きな取引ができ、相対的に大きく利益を上げられるという点だ。為替変動によるる差益のほか、通貨間の金利差に相当するスワップポイントでも大きく利益を得られるため、積極的な投資家には人気が高いのだ。

FX（外国為替証拠金取引）の活用

利点	・金利が相対的に有利 ・少額からでも大きな取引が可能（ただし大きなリスクに注意） ・セーフティネットが堅牢
弱点	・FX口座の開設、取引のやり取りなどに習熟が必要 ・ネット取引が前提のため、ITリテラシー必須 ・直接資金引き出しができないため、「すぐに使いたい」には対応不可 ・国家破産等の有事には影響がおよぶ可能性大
使い方	・外貨MMFよりもさらに積極的に為替で運用したい方向け

とはいえ、レバレッジを掛けなくともこれからの円安時代には十分にメリットがある。また、外貨ＭＭＦと比べても金利相当が有利な傾向があるので、興味のある方は挑戦してみるのも面白いだろう。

万が一、ＦＸ業者が破産した場合の投資資金については、国内業者の場合には「信託保全」が義務付けられており、基本的に証拠金は全額保全される。また、未確定のポジションの損益やスワップポイントも保全対象とする業者もあり、安心できるだろう。

もちろん、国家破産によって金融機関が連鎖的に倒産するような局面では、銀行や証券会社と同様に大きな影響を被る可能性はあるだろう。証拠金が戻ってこないという最悪の事態のほかに、外貨取引規制で強制決済・返金という可能性も考慮しておくのがよいだろう。

使い方としては、外貨ＭＭＦに準じたものとなる。外貨ＭＭＦに比べて一歩踏み込んだ、リスクを伴う取引が可能なため、より積極的に為替を活用した取引をしたい方向けと言えるだろう。

これら四つの米ドル保有法は、それぞれにメリットとデメリットがあるが、それぞれに利用価値は十分にある。「外貨ＭＭＦ（＋外国株式）」と「ＦＸ」は、いずれか一つを選ぶのでもよいが、少なくともこの中の三つはうまく活用して、円安から資産を防衛して行くのが賢明だ。

②金《きん》（ゴールド）

著しい円安進行に対抗する二つ目の方法は、「金《きん》」（ゴールド）だ。金《きん》は日本国内で普通に売買が可能な現物資産だが、実は世界の金《きん》取引は原則として米ドル建てで行なわれている。そのため、円安が進行すれば、それに比例して金《きん》価格も高騰することになるのだ。

また、世界の金《きん》需要は昨今の経済情勢や産業用途での需要もあって高値で推移しており、円安対策を差し引いて考えても非常に魅力的な資産である。「有事の金《きん》」の名の通り、世界規模の有事が起きればその価値は急騰するため、資産の一部に組み込んでおくことは極めて重要な意味を持つ。

このように、米ドルに準じながらも米ドルとは異なる魅力にあふれる資産クラスであるが、金《きん》は注意すべき点がいくつかある。

まず、金《きん》はその強力な資産性ゆえに、財政再建を目指す破産国家も欲しがる資産であるという点だ。国家にとっては、「金《きん》の流失」はすなわち「富の流失」となる。現在でこそ管理通貨制度によって国家は通貨発行に金《きん》の裏付けは不要となっているが、やはり有事には金《きん》を確保しようとあらゆる手段を講じる。

かのアメリカも、一九二九年の世界恐慌後に事実上の金《きん》没収を大統領令として発布している。日本でも太平洋戦争の終戦後GHQが金銀の接収のため全国の蔵を開けさせている。当然、仮に日本が財政破綻すれば、金《きん》に対する何らかの措置が取られることは覚悟すべきだ。

なお、現代の日本では金《きん》取扱業者に取引履歴の保管を義務付ける法律がある。主に犯罪がらみの資金をトンネル、資金洗浄させる手段として金《きん》が活用されるのを防ぐ目的であるが、国家破産などの有事になれば当局がこの情報を取得し、大口保有者に何らかの手を講じることは十分に可能だ。

金による円安対策（資産保全）

利点	・金《きん》は米ドル建て＝円安対策に好適 ・有事の資産保全に極めて大きな力を発揮
弱点・注意点	・国家による没収リスク ・有事に現金化できない可能性 ・持ち運びのしにくさ
使い方	・金《きん》現物の手元保管が大原則 ・資産全体に対する割合を多くし過ぎないこと ・大きいもの（1kgの金《きん》地金など）だけでなく、金貨や小さい地金なども保有するとよい ・購入時の書類を厳重に保管すること ・貸金庫での保管は「差し押さえリスク」を十分に考慮すること

このように、金《きん》には「没収リスク」があり、それゆえ資産全体に占める金《きん》の割合を大きくすることは逆に危険を招く。このことをくれぐれも肝に銘じ、金《きん》の保有割合には十分に注意していただきたい。具体的な目安としては、「全資産の一～二割程度」までに留めておくのが賢明だ。

また、金《きん》も米ドルと同様に円安の加速によって価格が高騰することになるため、一キログラムの金《きん》地金などまとまった物は現金化する際に非常に扱いづらくなる。したがって、米ドルと同様に小口の物も保有しておくとよいだろう。地金なら一〇〇グラムや五〇グラムなどの物、あるいは一オンスや二分の一オンスなどの金貨にしておくと、いざという時、現金化しやすい。

金《きん》の保有方法だが、現物に関して言えば、どこで買うのかについては素性のハッキリしている業者であればどこでも大きな問題はない。仮に海外刻印の物であっても、基本的には大丈夫だ。

ただし、購入時の記録や保証書などの書類は必ず保管しておくことが極めて重要だ。近年では、犯罪抑止の観点から金《きん》取引の管理強化が進められており、金《きん》の出所を示す書類の提示が求められるケースが非常に増えている。仮に国内刻印の物であっても、書類なしには買い取りに応じないという例もあるというから、くれぐれも抜かりなく書類を保管しておきたい。

金《きん》の保有は、現物のほかにも純金積み立てや金《きん》の保管サービスを利用したり、金《きん》ＥＴＦ、金《きん》先物などの金融商品で保有したりする方法もあるが、あまりお勧めはしない。単に円安対策のためであればこれらも有効だが、円安が高じて国家破産という事態になった際、金《きん》現物に換えて手元に置くことができなくなる危険があるため、ぜひ現物を自分で保管するようにしていただきたい。

また、貸金庫を利用する手もあるが、銀行などは預金封鎖の際に貸金庫も差し押さえられる可能性がある。実際、一九九〇年代のロシアの国家破産時には、貸金庫が差し押さえられ、中の財産が没収されたという。仮に貸金庫を利用するにしても、そうした危険の低いところを選ぶといった工夫をぜひ行なっていただきたい。

なお、著しく円安が進んだ時や国家破産でドサクサの時など、金《きん》が売却できないことも起き得ることにも注意しておきたい。理由は極めてシンプルで、ニセモノが横行するため業者側が買い取りを制限するのだ。

金《きん》は極めて比重が高いため偽造は難しいとされるが、近年ではタングステンやニッケルといった比重の近い金属を用いて巧妙に偽造する例もある。よって、金《きん》の保有は基本的に有事に売却することは考えず、超長期での資産保全を前提に保有することをお勧めする。

③ダイヤモンド

円安対策に好適な資産の三つ目は、金《きん》と並んで有用な現物資産である「ダイヤモンド」だ。とはいえ、金《きん》に比べればまだまだ嗜好品、宝飾品としての認識が主であり、特に日本では「資産」としての認知はまだ進んではいない。

しかし、実際にはやり方次第で資産保全に非常に有効であり、円安対策にも国家破産対策にも非常に効果を期待できる。いよいよ円安傾向が顕著になってきた日本でも、今後は「持っておくべき資産」として広く認知が進むだろうと考えている。

実は海外においては、すでにダイヤモンドは宝飾品としてのみならず、金《きん》とは異なった特徴を有する現物資産として認知されている。特に、中東やヨーロッパでは、国同士が陸続きであるがゆえに、戦争や権力者による迫害から避難する際、身軽に持ち運べる資産を手に歩いて移動するといったことが歴史上たびたび起きてきた。ロシアのウクライナ侵攻においても、人々は国外を目指して徒歩で移動する人が多く出た。

このような状況下では、手持ちに適する資産は非常に限られる。まず現金は、避難先で通用しない危険があるほか、まとまった額になるとかなりかさばり、また目立ちやすい。金《きん》も同様で、まとまった量になるとかなり重いのと、一目で金《きん》とわかってしまうため途中で盗賊に襲われて奪われる危険もある。現代で言えば、国境をまたぐ際の入国審査で金属探知機に引っ掛かるなどのリスクもあり、重要だが扱いづらい資産でもあるのだ。

しかしダイヤモンドは、希少性が高く高額であり、小さく軽く持ち運びやすい。ポケットに入れて持ち運びやすく、また金属探知機にも引っ掛からない。目下の円安対策や国家破産対策としては有効となるだろう。

このダイヤモンドも、基本的に米ドル建てで価格が形成され流通されるものだ。そのため、円安対策としては金《きん》に準じて非常に有効となる。また、前述の通り有事の際に重宝されるため、そうしたイベントが起きると価格が高騰する傾向もある。実際、ウクライナ侵攻後のヨーロッパではダイヤモンドの需要増加によって、価格が急騰している。

ダイヤモンドが金《きん》と異なる点としては、一つひとつが「一点もの」であり、標準品と呼ぶべきものがないことだ。公的な取引市場がなく、二次流通（一度消費者の手に渡ったものが再び別の業者などに転売される）は、主にオークションによって行なわれる。そのため市場価格というべきものがなく、オークションの実勢価格によって相場が形成される。

流通量の多いサイズや品質のものは比較的価格のブレは少ないが、希少性の高いもの（数カラットもするものや希少性の高い色など、際立った特徴を持つ個体）は需給次第で大きく価格がぶれることもある。

こうした性質があるため、資産保全目的でダイヤモンドを持つ場合には、ほかの資産クラスに比べて特に注意すべき点がある。それは、「現金化も見据えて適切な業者を選ぶ」という点だ。ここを間違えてしまうと、残念ながら円安対策、国家破産対策としての意味はほとんどなさなくなる。

なぜかというと、実は通常の宝飾店などでは、前述したオークションにアクセスできる体制になっていないからだ。ダイヤモンドのオークションは、世界でも限られた場所のみで開かれている。メインはニューヨークだが、アジア圏では香港でも開催される。残念ながら、日本国内ではほとんどの業者がこのオークションへのアクセスができない。そのため、購入したダイヤモンドの買い取りには応じないか、良くて買い値の一割程度にしかならないのだ。

しかし、日本でも数は少ないものの、このオークションに参加できる専門業者が存在する。そして、その中には個人向けにオークションで入手したダイヤモンドを販売したり、個人のダイヤモンドをオークションに出したりということも行なってくれるところもあるのだ。もちろん、業者によって買い取り価格は異なるようだが、良心的な業者では買値のおおよそ七～八割程度で買い取ってくれる。金《きん》の場合は、より売買価格差が小さいため比較すればコスト高ではあるが、金《きん》とはまったく異なる資産防衛の特徴があるコトは見逃せない。あくまで〝資産防衛のコスト〟と割り切って取り組むのがよいだろう。

また、どのようなダイヤモンドを保有するかについては、参考にすべき目安がある。ダイヤモンドの品質は、主に「4C」〈カラット〈重さ〉、カラー〈色〉、カット〈形〉、クラリティ〈透明度〉〉と呼ばれる要素によって決定されるが、いずれもオークションで流通が多く、売買しやすい「ほどほどのもの」を選ぶということだ。

たとえば大きさ（正確には重さ）については、大きければ大きいほどよいというものではない。流通が多い、一カラット程度のものが好適だ。大きければ大きいほど価格は上がるが、売却時に需要がなければなかなか現金化できず、また価格のブレ幅も必然的に大きくなりやすい。一カラット程度のものは流通

ダイヤモンドによる円安対策（資産保全）

利点	・ダイヤモンドは米ドル建て ＝円安対策に好適 ・有事の資産保全に 極めて大きな力を発揮
弱点・注意点	・一般的な宝飾品店での入手はNG。 専門業者を使うこと ・紛失リスク、焼失リスクには 十分注意 ・GIAの鑑定書付きのものを選び、 鑑定書も厳重保管 ・売買価格差が比較的大きい
使い方	・買い取りにも応じる専門業者を 通じて入手すること。1カラット 程度で適度の品質のものを選ぶ。 紛失を避ける工夫をし、 火災対策も十分に行なう。

量が多いため価格が安定的で、現金化もしやすい。同様に、カラーやクラリティも必ずしも最高グレードのものを選ぶ必要はない。

その他も注意点はある。資産保全目的であれば、宝飾品に加工したものではなく、石単体（「ルース」と呼ぶ）のものを選ぶということだ。ダイヤモンドは固い鉱物だが、条件次第では容易にキズが付く。宝飾品に加工すれば石を支えるツメの部分からキズが付く可能性もあり、また身に着けていれば必然的に傷つく可能性が上がる。こうなっては、売却時に資産価値が下がってしまう。加工費用分も高く付くため、保全向きではないのだ。

また、当然ながら本物であることが重要である。そのため、鑑定書付きのものを選ぶ必要があるが、その中でも米国ＧＩＡ（米国宝石学会）の鑑定書が付いているものがよい。そして、鑑定書もきちんとセットで保管管理しておくことである。この点は、金《きん》の保有と似ている。

保管に関しても注意しておきたい点がある。まず、ダイヤモンドは非常に小さく磁石や金属探知機にも反応しないため、たとえば部屋の中で落としてしまうと見つけるのが至難となる。取り扱いには十分注意し、できればラミネートパッケージにするなど、紛失対策を施しておきたい。

また、意外に思われるが、熱に弱い性質がある。もちろん、お湯が沸騰する程度の温度なら何も問題ないが、たとえば保管していた家が火事に見舞われた場合、ダイヤモンドは焼失のリスクがあるのだ。ご存じの通り、ダイヤモンドは炭素原子が結合してできる結晶だ。つまり、酸素と結合して二酸化炭素になり得るものなのだが、ダイヤモンドも数百～一〇〇〇度くらいの温度にさらされ続けると表面から徐々に気化して行くのだという。家が火事になると千数百度にもなることがあり、ダイヤモンドも気化してしまうのだ。よって、火災への対策は意外に重要なポイントとなる。

このように、多少扱い方に固有の注意が必要なダイヤモンドだが、私はこれからの時代の資産保全にぜひ組み込むべきと強くお勧めする。全財産の数％から一〇％程度を組み込んでおけば、究極の有事にも資産防衛にとって強力な武器となるので、大変心強い。

具体的に対策を行なう場合には、先述した通り「適切な業者を選ぶ」ことが極めて重要となる。私は、長年ダイヤモンドによる資産防衛について検討を重ね、また情報収集を行なってきたが、近年ようやく信頼できる専門業者とのルートを確立することができた。そこで、本当に資産防衛としてのダイヤモンド活用に興味があるという方に向けて、そのノウハウ（質の良いダイヤをデパートの三分の一程度の価格で購入できる）をお伝えする「ダイヤモンド投資情報センター」を設置したので、ぜひとも巻末の情報を参照していただきたい。

④海外での外貨資産保有

今回紹介する中で、先々の資産保全対策も視野に入れた場合に最も強力な効果を期待できるのが、「海外での外貨資産保有」である。慣れない方にとってはハードルが高いイメージがあるが、実際には思ったよりも取り掛かりやすい。また、資産家に限定した方法のようにも思われるかもしれないが、それほど多額の資産を持っていない方でも十分に活用ができるため、ぜひ積極的に検討したいやり方だ。

海外での資産保有と一口に言っても、株式、不動産、現預金など多岐にわたる。中でも私がお勧めするのが、「海外口座」と「海外ファンド」の二つの方法だ。それぞれ特徴があるため、ざっと見て行こう。

まず、海外銀行に口座を開設し、そこに預け入れるという方法である。単に、海外の銀行に自分名義の口座を持ち、資金を預けるだけなのだが、実はこの対策の意義は思いのほか大きい。「円安対策として外貨を持つ」ということに限らず、国家破産時の金融規制対策にも大きな力を発揮するからだ。

たとえば、預金封鎖が行なわれても海外口座は封鎖の対象にならない。よって、資金を引き出したり、使ったりということができるのだ。また、財産税を課せられることになっても、口座を直接差し押さえられるといったこともない。

ほかにもメリットはある。日本で外貨を預金しても保護の対象にはならないが、国によっては日本と同様にペイオフ制度で現地通貨での預金が保護されるため、銀行破綻によって外貨が失われるリスクが日本よりはるかに低い。また、預金金利も現地の金利水準で付く点も見逃せない。前述の通り、日本の銀行では外貨預金金利は非常に不利である。今後、円安が進行する中では、こうしたメリットは非常に重要になってくるだろう。

また、海外口座に預けている資産は、日本国内に居ながらにして使うこともできる。海外の銀行口座には「デビットカード機能」が付いているものが一般的で、預金封鎖時でも国内でカード払いや提携ATMでの現金引き出しに使うことができるのだ。こうしたメリットを活用しない手はないだろう。

一方で、注意点もそれなりにある。まず、財政・政治が健全な国の優良な銀行であることは当然の条件となる。高金利で高リスクな国や銀行の口座は、かえって対策においては最悪手となるため、慎重を期す必要がある。

また、海外銀行であるから当然、外国語（特に英語）でのやり取りが原則となることがほとんどだ。実は、海外の銀行口座の保有、維持には思いのほかやり取りが多く、専門用語も飛び交うため、よほど英語に習熟していないと苦労を強いられる。よって、日本語サービスが付いている銀行を選ぶことは極めて

海外口座による円安対策（資産保全）

利点	・外貨建てで預金保護の対象になる（ただし国による） ・現地の金利水準が適用される ・預金封鎖・徳政令などの有事にも直接の差し押さえなどがない ・海外資産ながら日本国内で使うこともできる
弱点・注意点	・財政・政治が健全な国の優良な銀行を選ぶこと ・日本語対応の銀行を選ぶこと ・現地への渡航が必要となる ・口座の維持には所定の手続きを踏むなど注意が必要
使い方	・優良な海外銀行に詳しい専門家の情報を基にして、渡航・口座開設を行なうのが良い。 また、開設後の口座維持のことも考えると、継続的に専門家のアドバイスが受けられるようにしておく方がよい。

重要な条件になる。

そのほか、口座開設時には現地への渡航が必要となる。また、口座維持には定期的に取引を行なう必要がある。長期間入出金せずに放置しておくと、「休眠口座」や「口座凍結」となってその国に差し押さえられる場合もある。

そうした維持に自信がない方は、専門家の助言を受けてうまく対応するとよいだろう。海外とやり取りする経験がない方でも、専門家の知見を借りれば十分に対策は可能であるから、ぜひとも取り組んでいただくことをお勧めする。なお、私が主宰している二つの会員制クラブ「ロイヤル資産クラブ」「自分年金クラブ」では、海外を活用した資産防衛、資産運用について長年の経験と豊富な知見を有しており、海外口座の保有・維持、活用についても適切な助言が可能となっている。ぜひとも活用をご検討いただきたい（詳細は巻末の二一二ページをご参照いただきたい）。

海外に資産保有するもう一つの方法としてお勧めなのが、「海外ファンド」への投資だ。こちらは、海外口座よりもさらに難易度が高そうな印象があるが、実は「海外ファンド」は海外口座と異なり現地渡航が不要という、非常に取り組みやすい点がある。私はむしろ、海外の資産保有を手掛けるならまず「海外ファンド」に取り組むことをお勧めする。

「海外ファンド」の利点を挙げると次の通りだ。

①日本に居ながらにして海外金融機関に資産を預け入れられる
②預金とは異なり、プロに運用をゆだねて収益獲得も期待できる
③最低投資額は百数十万円程度から（銘柄によって異なる）
④運用戦略が多様で、分散投資による保全性強化が図れる

海外ファンドが特に面白い点は、様々な運用戦略の中から選択できるという点だろう。日本では、ファンドに似た仕組みとして「投資信託」があるが、日本の投資信託は基本的に株式の買い建てのみを行なうものが多く、実態としてあまり変わり映えがしない。株価全体の変動によって似たような結果になるものも多く、また個人で真似しようと思えばそれなりにできてしまうようなものも結構ある。ファンドや投資信託は、内部的にコストが掛かる仕組みになって

いるため、投資家が自分でできるようなものにわざわざ投資するのは、ハッキリ言ってムダである。

その点、海外ファンドの運用戦略は高度な手法やユニークなアイデアを駆使しており、非常に魅力的である。そしてなにより、こうした魅力的な投資が日本に居ながらにしてできるのである。円安対策、そしてさらに国家破産対策にも有効なため、これに取り組まない手はない。

非常に簡単にだが、その面白い運用戦略の一端を紹介しておこう。まず、大きな市場トレンドが発生すると、それを収益源にする「ＭＦ戦略」だ。世界中の多くの先物市場にコンピュータで分散投資し、市場動向を予測せずに「後追い」して行くというもので、面白いのは市場が上昇トレンドの時だけでなく、下落トレンドでも収益期待が高まるという点だ。

特に、恐慌相場などの暴落局面には大きな強みを発揮し、高い収益を獲得する場合もある。世界がインフレ、円安トレンドに転換し、さらに激動の度を増して行けば、ＭＦ戦略にとってチャンスとなる局面も増えることだろう。これからぜひ保有しておきたい戦略の一つである。

このMF戦略を採用しているファンドの中でも、専門家たちにはよく知られたファンドの一つに「Tファンド」というものがある。第三章でも少し登場したが、二〇〇三年から運用を開始し、長年にわたって運用実績を積み上げてきた業界では老舗というべき銘柄だ。最低投資金額は一〇万ドル（約一四〇〇万円）と少々大口だが、驚くべきは近年の実績である。直近三年間を振り返って見ても、二〇二〇年九・五八％、二〇二一年三九・八七％、二〇二二年に至っては五二・五二％（一〇月末現在）と非常に良好な成績を叩き出しているのだ。

この間には、コロナショック、世界的なインフレトレンドへの転換と利上げ、そしてウクライナ侵攻という激動下にあって、これだけの結果を残せるのは驚きだ。

また一方で、市場トレンドとは直接関係なく着実に収益を積み上げる、定期預金にも似た運用成績が期待できるファンドも存在する。世界中の様々な国や地域の融資機会に対し、「フィンテック」（金融とＩＴの融合技術）を使って精《せい》緻《ち》な投資判断を下し、収益を狙うというものだ。

融資であるため市場トレンドには直接関係なく安定的な収益が狙える。また、インフレ下で金利が上昇して行けば、融資の金利水準も上がることが予想されるため、運用利回りの面でも安心感がある。こうした戦略も、これからの時代には非常に心強いものとなるだろう。

こちらも実例を一つ見て行こう。「ATファンド」という銘柄は、元々はアフリカ大陸の新興国において公務員向けに融資を行なう企業への資金貸付けを行なうファンドで、現在では世界中の様々な地域の多様な融資機会をフィンテックを活用して発掘・精査し、融資を行なっている。二〇一四年の運用開始以来、年率六%程度を非常に手堅く積み上げており、マイナスになった月が一度もないという優れものだ。しかも、最低投資額が二万五〇〇〇ドルと比較的取り組みやすいという点も魅力である。こちらも直近三年間で二〇二〇年四・三六%、二〇二一年五・五三%、二〇二二年三・一七%（九月末現在）と非常に堅調に推移している。

ただ、残念ながらこうした大きな魅力をもつ海外ファンドの情報は日本国内ではほとんど出回っていないのが実情だ。日本の金融法制が関係しているためで、基本的に政府としては国内での投資を国民に勧めたい狙いがある。しかし、海外ファンドへの投資はまったくもって合法であり、さらに前述の通り国内にはない魅力も多い。これは、ぜひ皆さんにも取り入れていただきたいと思う。

そこで私は、海外ファンドの魅力を知った約三〇年前からこの貴重な情報を多くの方々に伝え、役立てていただきたいと考え、海外ファンドの情報を発信する投資助言組織を立ち上げて運営してきた。二〇年以上の助言実績を持つ二つのクラブ「ロイヤル資産クラブ」「自分年金クラブ」では、資産規模に応じてファンド銘柄の情報や投資に関する助言を行なっている。ここで挙げた魅力的なファンドを含め、多くのファンド情報について会員様に随時情報提供、助言を行なっている。興味がある方はぜひクラブにご入会いただき、情報を得ていただきたい（お問い合わせは「日本インベストメント・リサーチ」〈〇三－三二九一－七二九一〉まで）。

新たな常識を持ち、資産への対策を図れ！

本章の冒頭で見た通り、二〇二二年は歴史上の大きな転換点というべき年となった。世界の流れが大きく変わり、人々の行動様式が変わり、巨大な経済トレンドも重大な変化を迎えた。私たちが今まで長年持ち続けた常識は、これから通用しない時代になるだろう。世界が平和であることは当たり前ではなくなった。今までの生活や仕事などで通用していた常識は次々と覆されるだろう。

そしてお金や資産に関する常識も、大きく様変わりすることとなる。その最たるものは、まさに本書のタイトルである『ドル建て金持ち、円建て貧乏』である。円で資産を持っている人は、どんどん貧乏になる。逆にドル建てで資産を持つ人は相対的にどんどんお金持ちになって行く。どちらを選ぶかはその人次第だが、本書を読んだ読者の皆さんならば、選択を迷うことはないだろう。どうせ激動の時代を生きるなら、ドル建てでしっかりを資産を守り、殖やし、そしてたくましくこの時代を生き抜こうではないか。

そのための第一歩は、具体的な行動にこそある。本章で紹介したドル建て資産の保有方法を参考に、あなたのポートフォリオをぜひこれからの時代に通用するように鍛え直していただきたい。「何から始めてよいかわからない」という方は、まずは「米ドルの現金を少額でよいから入手すること」から始めてもよいだろう。自分で行動を開始したという実感と、形としての米ドル現金があなたの次の行動へのステップになるだろう。

「ドル建て金持ち」になるには、とにかく早い者勝ちである。超長期円高トレンドの終焉となった二〇一一年、すでにドル資産を保有していた人たちはまさに「勝ち組」だ。この頃に比べて、ドル建て資産はかなり大きく育っている。

しかし、ここで慢心してはいけない。本当の「戦い」はこれからである。目先で膨らんだ利益に踊らされず、引き続きしっかりとドル建て資産を殖やして行くことだ。

また、今日この時点でドル建て資産を持っていない方も、まったく悲観する必要はない。一〇年ちょっと出遅れたとはいえ、まだまだこれからでも急げば間に合うだろう。何しろ、本格的な円安の到来はこれからだ。為替レートが現在の二倍どころか、五倍、一〇倍という可能性すらあり得るのだから、対策する価値は十二分にある。むしろ、対策をしないリスクの方がはるかに大きいことに、特に注意を払うべきだ。

そして、マーケットは一直線に上昇するものではなく、必ず一時的円高へ揺り戻される時があるので、その時こそ絶好のドル買いのチャンスだ。そのタイミングを絶対に逃さないように。

これから一〇年後に、為替（円安）やインフレはどこまで進んでいるだろうか。日本の財政危機は顕在しているだろうか。それをすべて細かく予測することは不可能であるが、もし本書の通りになっていた時、皆さんがこの本を参考に「ドル建て金持ち」となって、たくましく生き残っていることを切に願う。

エピローグ

激動の時代を生き残るためにはまったく新しい発想を持て!!

これだけは忠告しておきたい――「今すぐに円をなるべく多くドルに換えなさい。そして全財産の一〇%はダイヤに換えておきなさい」と。

これをやらない人は老後資産をすべて失い、一〇年後に途方にくれることだろう。やるなら、今しかない。明日ではダメだ。そのうち雪崩のような円安がやってくるだろう。一六〇円を超えたなら一気に二〇〇~二六〇円だ。その後しばらくして三〇〇円を突破し、最悪、円は紙キレ同然となるだろう。

そうなってから絶望しても遅い。ソ連崩壊後のロシアでは国家破産によって多くの老人が全財産を失って、途方にくれて自殺した。銀行は封鎖され、年金は紙キレとなって、神の存在すら疑ったという。そして全員が次のように証言した――「ソ連時代に誰一人、このようなことが起きるなんて思ってもいなかった」。そして「ドルがあれば、何でも買えるのに」とつぶやいていた。

先手必勝。他人よりも一日でも早く手を打つことが重要だ。やはり、これからは「ドル建て金持ち」の時代なのだ。そうしたトレンドを他人より早く理解して、早く行動に移すことが何より重要なのだ。その他大勢の「円建て貧乏」にならないように、くれぐれもご用心を。そして、本書の内容をキチッと実行されて、あなたが素晴らしい人生を築かれることを祈ってペンを置きたい。

二〇二二年一一月吉日

浅井　隆

■今後、『2026年日本国破産〈対策編・上〉』『20年ほったらかして1億円の老後資金を作ろう』『2026年日本国破産〈対策編・下〉』(すべて仮題)を順次出版予定です。ご期待下さい。

浅井隆からの重要なお知らせ

——恐慌および国家破産を勝ち残るための具体的ノウハウ

二度とできない特別緊急講演会を収録したCD／DVD発売！

日本国政府の中枢で約半年前まで活躍されており、文藝春秋二〇一二年一一月号に「このままでは国家財政は破綻する」という衝撃のレポートを書いた、あの矢野康治前財務次官が、去る一一月一八日に読者の皆さんのために特別なご講演をされました。今回、特別に当日のCD・DVDを発売いたします。内容は、矢野氏のご講演のほか、浅井隆からの鋭い質疑応答も盛り込んだものので、当日使用した資料もお付けします。ほかでは決して聞くことができない必聴のレクチャーなので、この機会にぜひお買い求め下さい。

「前財務次官 矢野康治氏特別緊急講演会 受講CD／DVD」

価格　CD　二万二〇〇〇円（送料込）

DVD　二万五〇〇〇円（送料込）

※ご入金確認後、準備が整い次第、順次お届けいたします。

■詳しいお問い合わせ先は、㈱第二海援隊（担当：齋藤）

TEL：〇三（三二九一）六一〇六　FAX：〇三（三二九一）六九〇〇

Eメール：info@dainikaientai.co.jp

厳しい時代を賢く生き残るために必要な情報を収集するために

私が以前から警告していた通り、いまや世界は歴史上最大最悪の約三京円という額の借金を抱え、それが新型コロナウイルスをきっかけとして二、三年以内に大逆回転しそうな情勢です。中でも日本国政府の借金は先進国中最悪で、この国はいつ破産してもおかしくない状況です。そんな中、あなたと家族の生活を守るためには、二つの情報収集が欠かせません。

一つは「国内外の経済情勢」に関する情報収集、もう一つは国家破産対策としての「海外ファンド」や「海外の銀行口座」に関する情報収集です。これらについては、新聞やテレビなどのメディアやインターネットでの情報収集だけでは十分とは言えません。私はかつて新聞社に勤務し、以前はテレビに出演をしたこともありますが、その経験から言えることは「新聞は参考情報。テレビはあくまでショー（エンターテインメント）」だということです。インターネットも含め、誰もが簡単に入手できる情報でこれからの激動の時代を生き残って行くことはできません。

皆さんにとって、最も大切なこの二つの情報収集には、第二海援隊グループ（代表：浅井隆）が提供する特殊な情報と具体的なノウハウをぜひご活用下さい。

◆〝恐慌および国家破産対策〟の入口
「経済トレンドレポート」

電子版も好評配信中！

皆さんに特にお勧めしたいのが、浅井隆が取材した特殊な情報をいち早くお届けする「経済トレンドレポート」です。今まで、数多くの経済予測を的中させてきました。そうした特別な経済情報を年三三回（一〇日に一回）発行のレポートでお届けします。初心者や経済情報に慣れていない方にも読みやすい内容で、新聞やインターネットに先立つ情報や、大手マスコミとは異なる切り口からまとめた情報を掲載しています。

　さらにその中で、恐慌、国家破産に関する『特別緊急警告』『恐慌警報』『国家破産警報』も流しております。「激動の二一世紀を生き残るために対策をしな

第796号

経済トレンドレポート

浅井情報ネットワーク

特別緊急 NEWS FLASH

世界はすでに巨大インフレモード

——早ければ今秋、食糧危機の可能性も

　日本にいると全く気付かないが、海外ではすでにかなりすさまじいインフレが起き始めており、その波は世界中でうねりをあげている。

　現在、韓国ではインフレで大騒ぎの状態にあり、3月4月とも8%の物価上昇を記録し、玉子の価格が50%上昇している。スーパーでの買い物で正月に10,000円出して購入できたものが、今は2倍の20,000円でも購入できないということで主婦が悲鳴を上げている。以前、経済トレンドレポートで"ネギテク"という言葉を紹介したとおり、ネギは特にひどく価格が4倍にもなっており、自宅のテラスでネギを栽培するなどの節約法が流行っているという。この食糧高騰の動きは、一部日本でも起こっており、米国産の牛タンは仕入れ値が2.5倍になったというわけで、牛タン料理を出す店は採算に合わないと、一部別の肉に変えるなどしているほどだ。

　高騰したのは食糧に限らない。特にアメリカや中国、イギリスなどの不動産は暴騰しており、どこも異常な状況だ。アメリカで木材の価格が4倍となり、その影響から日本で住宅の建設を請け負った工務店が建築素材の高騰でパニックとなり、建築中止を決めた例も出てきた。

　ブルームバーグによると、世界の住宅市場は狂乱状態にある。世界の住宅価格上昇率は年間2桁台と、これは2006年のリーマン・ショック前のペースと同じである。アメリカ、コネチカット州では、買い手は価格を提示する前に物件を見ることもできない状態だ。155万米ドル（1.7億円）で売り出されたばかりの物件を内覧する予約ができなかった買い手は、契約する前に家の中を見せてくれることを条件に、売り出し価格を上回る額での購入を提案したという。他にも、オーストラリアのシドニー中心部から南へ7kmのところにある空き家は、台所もトイレもなく電気も来ておらず、床や壁は裸のままと見捨てられたような状態だったが、白熱した入札合戦の末になんと470万豪ドル（4億円）で落札されたという。同じオセアニア圏のニュージーランドでは不動産の上昇率は年30%に上るなど、世界中の至るところで日本の不動産バブルを彷彿させる事態が起きている。

2021年7月10日号

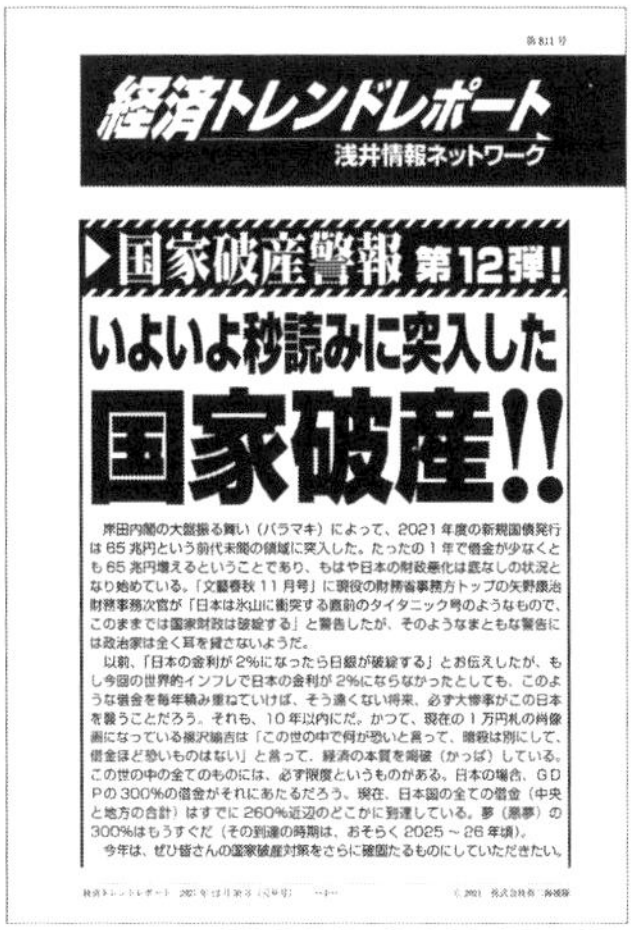

第811号

経済トレンドレポート

浅井情報ネットワーク

▶国家破産警報 第12弾！

いよいよ秒読みに突入した

国家破産！！

　岸田内閣の大盤振る舞い（バラマキ）によって、2021年度の新規国債発行は65兆円という前代未聞の領域に突入した。たったの1年で借金が少なくとも65兆円増えるということであり、もはや日本の財政悪化は底なしの状況となり始めている。「文藝春秋11月号」に現役の財務省事務方トップの矢野康治財務事務次官が「日本は氷山に衝突する直前のタイタニック号のようなもので、このままでは国家財政は破綻する」と警告したが、そのようなまともな警告には政治家は全く耳を貸さないようだ。

　以前、「日本の金利が2%になったら日銀が破綻する」とお伝えしたが、もし今回の世界的インフレで日本の金利が2%にならなかったとしても、このような借金を毎年積み重ねていけば、そう遠くない将来、必ず大惨事がこの日本を襲うことだろう。それも、10年以内にだ。かつて、現在の1万円札の肖像画になっている福沢諭吉は「この世の中で何が恐いと言って、暗殺は別にして、借金ほど恐いものはない」と言って、経済の本質を喝破（かっぱ）している。この世の中の全てのものには、必ず限度というものがある。日本の場合、GDPの300%の借金がそれにあたるだろう。現在、日本国の全ての借金（中央と地方の合計）はすでに260%近辺のどこかに到達している。夢（悪夢）の300%はもうすぐだ（その到達の時期は、おそらく2025～26年頃）。

　今年は、ぜひ皆さんの国家破産対策をさらに確固たるものにしていただきたい。

2021年12月30日号

「経済トレンドレポート」は情報収集の手はじめとしてぜひお読みいただきたい。

ければならないことは理解したが、何から手を付ければよいかわからない」「経済情報をタイムリーに得たいが、難しい内容には付いて行けない」という方は、最低でもこの経済トレンドレポートをご購読下さい。年間、約三万円で生き残るための情報を得られます。また、経済トレンドレポートの会員になられますと、当社主催の講演会など様々な割引・特典を受けられます。

■詳しいお問い合わせ先は、㈱第二海援隊　担当：島﨑

ＴＥＬ：〇三（三二九一）六一〇六　ＦＡＸ：〇三（三二九一）六九〇〇
Ｅメール：info@dainikaientai.co.jp
ホームページアドレス：http://www.dainikaientai.co.jp/

恐慌・国家破産への実践的な対策を伝授する会員制クラブ

◆「自分年金クラブ」「ロイヤル資産クラブ」「プラチナクラブ」

国家破産対策を本格的に実践したい方にぜひお勧めしたいのが、第二海援隊の一〇〇％子会社「株式会社日本インベストメント・リサーチ」（関東財務局長

（金商）第九二六号）が運営する三つの会員制クラブ（**「自分年金クラブ」「ロイヤル資産クラブ」「プラチナクラブ」**）です。

まず、この三つのクラブについて簡単にご紹介しましょう。**「自分年金クラブ」**は資産一〇〇〇万円未満の方向け、そして最高峰の**「ロイヤル資産クラブ」**は資産一〇〇〇万～数千万円程度の方向け、そして最高峰の**「プラチナクラブ」**は資産一億円以上の方向け（ご入会条件は資産五〇〇〇万円以上）で、それぞれの資産規模に応じた魅力的な海外ファンドの銘柄情報や、国内外の金融機関の活用法に関する情報を提供しています。

恐慌・国家破産は、なんと言っても海外ファンドや海外口座といった「海外の活用」が極めて有効な対策となります。特に海外ファンドについては、私たちは早くからその有効性に注目し、二〇年以上にわたって世界中の銘柄を調査してまいりました。本物の実力を持つ海外ファンドの中には、恐慌や国家破産といった有事に実力を発揮するのみならず、平時には資産運用としても魅力的なパフォーマンスを示すものがあります。こうした情報を厳選してお届けするのが、三つの会員制クラブの最大の特長です。

その一例をご紹介しましょう。三クラブ共通で情報提供する「ATファンド」は、先進国が軒並みゼロ金利というこのご時世にあって、年率五～七％程度の収益を安定的に挙げています。これは、たとえば年率七％なら三〇〇万円を預けると毎年約二〇万円の収益を複利で得られ、およそ一〇年で資産が二倍になる計算となります。しかもこのファンドは、二〇一四年の運用開始から一度もマイナスを計上したことがないという、極めて優秀な運用実績を残しています。日本国内の投資信託などではとても信じられない数字ですが、世界中を見渡せばこうした優れた銘柄はまだまだあるのです。

冒頭にご紹介した三つのクラブでは、「ATファンド」をはじめとしてより高い収益力が期待できる銘柄や、恐慌などの有事により強い力を期待できる銘柄など、様々な魅力を持ったファンド情報をお届けしています。なお、資産規模が大きいクラブほど、取り扱い銘柄数も多くなっております。

また、ファンドだけでなく金融機関選びも極めて重要です。単に有事にも耐え得る高い信頼性というだけでなく、各種手数料の優遇や有利な金利が設定されている、日本に居ながらにして海外の市場と取引ができるなど、金融機関も様々な特長を持っています。こうした中から、各クラブでは資産規模に適した、魅力的な条件を持つ国内外の金融機関に関する情報を提供し、またその活用方法についてもアドバイスしています。

その他、国内外の金融ルールや国内税制などに関する情報など資産防衛に有用な様々な情報を発信、会員の皆さんの資産に関するご相談にもお応えしております。浅井隆が長年研究・実践してきた国家破産対策のノウハウを、ぜひあなたの大切な資産防衛にお役立て下さい。

■詳しいお問い合わせは「㈱日本インベストメント・リサーチ」

TEL：〇三（三二九一）七二九一　FAX：〇三（三二九一）七二九二
Eメール：info@nihoninvest.co.jp

株で資産を作れる時代がやってきた！ "四つの株投資クラブ"のご案内

一、「㊙株情報クラブ」

「㊙株情報クラブ」は、普通なかなか入手困難な日経平均の大きなトレンド、現物個別銘柄についての特殊な情報を少人数限定の会員制で提供するものです。しかも、「ゴールド」と「シルバー」の二つの会があります。目標は、提供した情報の八割が予想通りの結果を生み、会員の皆さんの資産が中長期的に大きく殖えることです。そのために、日経平均については著名な「カギ足」アナリストの川上明氏が開発した「T1システム」による情報提供を行ないます。川上氏はこれまでも多くの日経平均の大転換を当てていますので、これからも当クラブに入会された方の大きな力になると思います。

また、その他の現物株（個別銘柄）については短期と中長期の二種類に分けて情報提供を行ないます。短期については川上明氏開発の「T14」「T16」という二つのシステムにより日本の上場銘柄をすべて追跡・監視し、特殊な買いサインが出ると即買いの情報を提供いたします。そして、買った値段から一〇％上昇したら即売却していただき、利益を確定します。この「T14」「T16」は、これまでのところ当たった実績が九八％という驚異的なものとなっております（二〇一五年一月～二〇二〇年六月におけるシミュレーション）。

さらに中長期的銘柄としては、浅井の特殊な人脈数人および第二海援隊の一〇〇％子会社である㈱日本インベストメント・リサーチの専任スタッフが選び抜いた日・米・中三ヵ国の成長銘柄を情報提供いたします。特に、スイス在住の市場分析・研究家、吉田耕太郎氏の銘柄選びには定評があります。参考までに、吉田氏が選んだ三つの過去の銘柄の実績を挙げておきます（「㊙株情報クラブ」発足時の情報です）。

まず一番目は、二〇一三年に吉田氏が推奨した「フェイスブック」（現「メタ」）。当時二七ドルでしたが、それが三〇〇ドル超になっています。つまり、七～八年で一〇倍というすさまじい成績を残しています。二番目の銘柄としては、「エヌビディア」です。こちらは二〇一七年、一〇〇ドルの時に推奨し、六〇〇ドル超となっていますので、四年で六倍以上です。さらに三番目の銘柄の「アマゾン」ですが、二〇一六年、七〇〇ドルの時に推奨し、三二〇〇ドル超です。こちらは五年で四・五倍です。こういった銘柄を中長期的に持つということは、皆さんの財産形成において大きく資産を殖やせるものと思われます。

そこで、「ゴールド」と「シルバー」の違いを説明いたしますと、「ゴールド」は小さな銘柄も含めて年四～八銘柄を皆さんに推奨する予定です。これはあくまでも目標で年平均なので、多い年と少ない年があるのはご了承下さい。「シルバー」に関しては、小さな銘柄（売買が少なかったり、上場されてはいるが出来高が非常に少ないだけではなく時価総額も少なくてちょっとしたお金でも株価が大きく動く銘柄）は情報提供をいたしません。これは、情報提供をするとそれだけで上がる危険性があるためです（「ゴールド」は人数が少ないので小さな銘柄も情報提供いたします）。そのため、「シルバー」の推奨銘柄は年三～六銘柄と少なくなっております。

「ゴールド」はまさに少人数限定二〇名のみ、「シルバー」も六〇名限定となっております。「シルバー」は二次募集をする可能性もあります。

クラブは二〇二一年六月よりサービスを開始しており、すでに会員の皆さんへ有用な情報をお届けしております。

なお、二〇二一年六月二六日に無料説明会（「㊙株情報クラブ」「ボロ株クラブ」合同）を第二海援隊隣接セミナールームにて開催いたしました。その時のCDを二〇〇〇円（送料込み）にてお送りしますのでお問い合わせ下さい。

皆さんの資産を大きく殖やすという目的のこの二つのクラブは、皆さんに大変有益な情報提供ができると確信しております。奮ってご参加下さい。

■お問い合わせ先：㈱日本インベストメント・リサーチ「㊙株情報クラブ」

TEL：〇三（三二九一）七二九一　FAX：〇三（三二九一）七二九二

Eメール：info@nihoninvest.co.jp

二、「ボロ株クラブ」

　コロナショック以降、世界中で前代未聞とも言える個人投資家の株ブームが巻き起こっています。背景には、「将来への不安」「現金からの逃避」（インフレ対策）といった事情があると報じられています。二〇二〇年に世界のＭ２（現金や預金に代表される広範なマネーサプライの指標）は、過去一五〇年で最大の増加を示したという分析がなされています。第二次世界大戦後の刺激策よりも多くのお金が氾濫していると言ってよいでしょう。

　こうした事情により、昨今の株ブームは一過性のものではない（想像しているより長期化する可能性が高い）と第二海援隊グループでは見ています。そこで読者の皆さんにおかれましても従来の海外ファンドに加えて株でも資産形成をしていただきたく思い、「㊙株情報クラブ」に加えてもう一つ株に特化した情報サービス（会員制クラブ）を創設いたしました。

　その一つが、「ボロ株クラブ」です。「ボロ株」とは、主に株価が一〇〇円以下の銘柄を指します。何らかの理由で売り叩かれ、投資家から相手にされなくなった〝わけアリ〟の銘柄もたくさんあり、証券会社の営業マンがお勧めすることもありませんが、私たちはそこにこそ収益機会があると確信しています。

昨今、〝株〟と聞くと多くの方は成長の著しいアメリカのＩＣＴ（情報通信技術）関連の銘柄を思い浮かべるのではないでしょうか。アップルやＦＡＮＧ（フェイスブック〈現「メタ」〉、アマゾン、ネットフリックス、グーグル）、さらには大手ＥＶメーカーのテスラといったＩＣＴ銘柄の騰勢は目を見張るほどでした。しかし、こうした銘柄はボラティリティが高くよほどの〝腕〟が求められることでしょう。

「人の行く裏に道あり花の山」という相場の格言があります。「人はとかく群集心理で動きがちだ。いわゆる付和雷同である。ところが、それでは大きな成功は得られない。むしろ他人とは反対のことをやった方が、上手く行く場合が多い」とこの格言は説いています。すなわち、私たちはなかば見捨てられた銘柄にこそ大きなチャンスが眠っていると考えています。実際、「ボロ株」はしばしば大化けします。事実として先に開設されている「日米成長株投資クラブ」で情報提供した低位株（「ボロ株」を含む株価五〇〇円以下の銘柄）は、二〇一九～二〇年に多くの実績を残しました。

もちろん、やみくもに「ボロ株」を推奨して行くということではありません。弊社が懇意にしている「カギ足」アナリスト川上明氏の分析を中心に、さらには同氏が開発した自動売買判断システム「ＫＡＩ―解―」からの情報も取り入れ、短中長期すべてをカバーしたお勧めの取引（銘柄）をご紹介します。

構想から開発までに十数年を要した「ＫＡＩ」には、すでに多くの判断システムが組み込まれていますが、「ボロ株クラブ」ではその中から「Ｔ８」というシステムによる情報を取り入れています。Ｔ８の戦略を端的に説明しますと、「ある銘柄が急騰し、その後に反落、そしてさらにその後のリバウンド（反騰）を狙う」となります。

川上氏のより具体的な説明を加えましょう――「ある銘柄が急騰すると、利益確定に押され急落する局面が往々にしてあるが、出遅れ組の押し目が入りやすい。すなわち、急騰から反落の際には一度目の急騰の際に買い逃した投資家の買いが入りやすい」。過去の傾向からしても、およそ七割の確率でさらなるリバウンドが期待できるとのことです。そして、リバウンド相場は早く動くことが多いため、投資効率が良くデイトレーダーなどの個人投資家にとってはうって付けの戦略と言えます。川上氏は、生え抜きのエンジニアと一緒に一九九〇～二〇一四年末までのデータを使ってパラメータ（変数）を決定し、二〇一五年一月四日～二〇二〇年五月二〇日までの期間で模擬売買しています。すると、勝率八割以上という成績になりました。一銘柄ごとの平均リターンは約五％強ですが、「ボロ株クラブ」では、「T８」の判断を基に複数の銘柄を取引することで目標年率二〇％以上を目指します。

これら情報を複合的に活用することで、年率四〇％も可能だと考えています。年会費も第二海援隊グループの会員の皆さんにはそれぞれ割引サービスをご用意しております。詳しくは、お問い合わせ下さい。また、「ボロ株」の「時価総額や出来高が少ない」という性質上、無制限に会員様を募ることができません。

一〇〇名を募集上限（第一次募集）とします。

■お問い合わせ先：㈱日本インベストメント・リサーチ「ボロ株クラブ」

TEL：〇三（三二九一）七二九一　FAX：〇三（三二九一）七二九二

Eメール：info@nihoninvest.co.jp

三、「日米成長株投資クラブ」

「コロナショック」とその後の世界各国の経済対策によって、世界の経済は「大インフレ時代」に向かいつつあります。それに先んじて、株式市場はすでに「コロナバブル」というよりも「株インフレ」と形容すべきトレンドに突入した感があります。こうした時代には、株式が持つ価格変動リスクよりも、株を持たないことによるインフレリスクにより警戒すべきです。

また、これから突入する「激動と混乱」の時代には、ピンチとチャンスが混然一体となってやってきます。多くの人たちにとって混乱とはピンチですが、「資産家は恐慌時に生まれる」という言葉がある通り、トレンドをしっかりと見極め、適切な投資を行なえば資産を増大させる絶好の機会ともなり得ます。

私は、そうした時代の到来に先んじて二〇一八年から「日米成長株投資クラブ」を立ち上げ、株式に関する情報提供、助言を行なってきました。クラブの狙いは、株式投資に特化しつつも経済トレンドの変化にも対応するという、ほかにはないユニークな情報を提供する点です。現代最高の投資家であるウォーレン・バフェット氏とジョージ・ソロス氏の投資哲学を参考として、割安な株、成長期待の高い株を見極め、じっくり保有するバフェット的発想と、経済トレンドを見据えた大局観の投資判断を行なって行くソロス的手法を両立することで、大激動を逆手に取り、「一〇年後に資産一〇倍」を目指します。

経済トレンド分析には、私が長年信頼するテクニカル分析の専門家、川上明氏による「カギ足分析」を主軸としつつ、長年多角的に経済トレンドの分析を行なってきた浅井隆の知見も融合して行きます。川上氏のチャート分析は極めて強力で、たとえば日経平均では二八年間で約七割の驚異的な勝率を叩き出しています。

また、個別銘柄については発足から二〇二一年末までに延べ三〇銘柄強を情報提供してきましたが、多くの銘柄で良好な成績を残し、会員の皆さんに収益機会となる情報をお届けすることができました。これらの銘柄の中には、低位小型株から比較的大型のものまで含まれており、中には短期的に連日ストップ高を記録し数倍に大化けしたものもあります。

会員の皆さんには、こうした情報を十分に活用していただき、当クラブにて大激動をチャンスに変えて大いに資産形成を成功させていただきたいと考えております。ぜひこの機会を逃さずにお問い合わせ下さい。サービス内容は以下の通りです。

1．浅井隆、川上明氏（テクニカル分析専門家）が厳選する国内の有望銘柄の情報提供

2．株価暴落の予兆を分析し、株式売却タイミングを速報

3．日経平均先物、国債先物、為替先物の売り転換、買い転換タイミングを速報

4．バフェット的発想による、日米の超有望成長株銘柄を情報提供

■お問い合わせ先：㈱日本インベストメント・リサーチ「日米成長株投資クラブ」
TEL：〇三（三二九一）七二九一　FAX：〇三（三二九一）七二九二
Eメール：info@nihoninvest.co.jp

四、「オプション研究会」

「コロナ恐慌」の到来によって、世界はまったく新たな激動の局面に突入しました。この深刻な危機に対し、世界各国で「救済」という名のばら撒きが加速しています。しかしながら、これは「超巨大恐慌」という私たちの想像を絶する怪物を呼び寄せる撒き餌にほかなりません。この異形の怪物は、日頃は鳴りを潜めていますが、ひとたび登場すれば私たちの生活を完膚なきまでに破壊し、資産を根こそぎ奪い去るだけに留まりません。最終的には国家すら食い殺し、破産させるほどに凶暴です。そして、次にこの怪物が登場した時、その犠牲の筆頭となる国は、天文学的な政府債務を有する日本になるでしょう。

このように、国家破産がいよいよ差し迫った危機になってくると、ただ座しているだけでは資産を守り、また殖やすことは極めて難しくなります。これからは様々な投資法や資産防衛法を理解し、必要に応じて実践できるかが生き残りのカギとなります。つまり、投資という武器を上手く使いこなすことこそが、激動の時代の「必須のスキル」となるのです。しかし、考え方を変えれば、これほど変化に富んだ、そして一発逆転すら可能な時代もないかもしれません。必要なスキルを身に付け、この状況を果敢に乗りこなせば、大きなチャンスを手にすることもできるわけです。積極的に打って出るのか、はたまた不安と恐怖に駆られながら無為にすごすのかは、「あなた次第」なのです。

現代は、実に様々な投資を誰でも比較的容易に実践することができます。しかしながら、それぞれの投資方法には固有の勘どころがあり、また魅力も異なります。戦国の世には様々な武器がありましたが、それらの武器にも勘どころや強みが異なっていたのとまさに同じというわけです。そして、これから到来する恐慌・国家破産時代において、最もその威力と輝きを増す「武器」こそが

「オプション取引」というわけです。ここで、「オプション取引」の魅力をざっと確認しておきましょう。

・非常に短期（数日～一週間程度）で数十倍～一〇〇倍の利益を上げることも可能

・「買い建て」取引のみに限定すれば、損失は投資額に限定できる

・恐慌、国家破産などで市場が大荒れするほどに収益機会が広がる

・最低投資額は一〇〇〇円（取引手数料は別途）

・株やＦＸと異なり、注目すべき銘柄は基本的に「日経平均」の動きのみ

・給与や年金とは分離して課税される（税率約二〇％）

もちろん、いかに強力な「武器」でも、上手く使いこなすことが重要です。

もしあなたが、これからの激動期に「オプション取引」で挑んでみたいとお考えであれば、第二海援隊グループがその習熟を「情報」と「助言」で強力に支援いたします。二〇一八年一〇月に発足した「オプション研究会」では、オプション取引はおろか株式投資などほかの投資経験もないという方にも、道具の

揃え方から基本知識の伝授、投資の心構え、市況変化に対する考え方や収益機会のとらえ方など初歩的な事柄から実践に至るまで懇切丁寧に指導いたします。

また二〇二一年秋には収益獲得のための新たな戦略「三〇％複利戦法」を開発し、会員様への情報提供を開始しました。オプション取引は、大きな収益を得られる可能性がある反面、収益局面を当てるのが難しいという傾向がありますが、新戦略では利益率を抑える代わりに勝率を上げることを目指しています。

こうした戦略もうまく使うことで、オプション取引の面白さを実感していただけると考えております。これからの「恐慌経由、国家破産」というピンチをチャンスに変えようという意欲がある方のご入会を心よりお待ちしています。

※なお、オプション研究会のご入会には、「日米成長株投資クラブ」の会員であることが条件となります。また、ご入会時には当社規定に基づく審査があります。あらかじめご了承下さい。

◆「オプション取引」習熟への近道を知るための「セミナーDVD・CD」発売中

「オプション取引」の習熟を全面支援し、また取引に参考となる市況情報なども提供する「オプション研究会」。その概要を知ることができる「DVD／CD」を用意しています。

■「オプション研究会 無料説明会 受講DVD／CD」■

浅井隆自らがオプション投資の魅力と活用のポイントについて解説し、また専任スタッフによる「オプション研究会」の具体的内容を説明した「オプション研究会 無料説明会」（二〇一八年一二月一五日開催）の模様を収録したDVD／CDです。「浅井隆からのメッセージを直接聞いてみたい」「オプション研究会への理解を深めたい」という方は、ぜひご入手下さい。

「オプション研究会 無料説明会 受講DVD／CD」（約一六〇分）

価格　DVD　三〇〇〇円（送料込）／CD　二〇〇〇円（送料込）

※お申込み確認後、約一〇日で代金引換にてお届けいたします。

■以上、「オプション研究会」、DVD／CDに関するお問い合わせは、

㈱日本インベストメント・リサーチ「オプション研究会」担当：山内・稲垣・関

TEL：〇三（三二九一）七二九一　FAX：〇三（三二九一）七二九二
Eメール：info@nihoninvest.co.jp

他にも第二海援隊独自の〝特別情報〟をご提供

◆「ダイヤモンド投資情報センター」

現物資産を持つことで資産保全を考える場合、小さくて軽いダイヤモンドは持ち運びも簡単で、大変有効な手段と言えます。近代画壇の巨匠・藤田嗣治は第二次世界大戦後、混乱する世界を渡り歩く際、資産として持っていたダイヤモンドを絵の具のチューブに隠して持ち出し、渡航後の糧にしました。金《きん》（ゴールド）だけの資産防衛では不安という方は、ダイヤモンドを検討するのも一手でしょう。しかし、ダイヤモンドの場合、金《きん》とは違って公的な市場が存在せず、専門の鑑定士がダイヤモンドの品質をそれぞれ一点ずつ評価して値段が決まるため、売り買いは金《きん》に比べるとかなり難しいという事情があります。そのため、信頼できる専門家や取り扱い店と巡り合えるかが、ダイヤモンドでの資産保全の成否の分かれ目です。

そこで、信頼できるルートを確保し業者間価格の数割引という価格での購入が可能で、ＧＩＡ（米国宝石学会）の鑑定書付きという海外に持ち運んでも適正価格での売却が可能な条件を備えたダイヤモンドの売買ができる情報を提供いたします。

ご関心がある方は「ダイヤモンド投資情報センター」にお問い合わせ下さい。

■お問い合わせ先：㈱第二海援隊　ＴＥＬ：〇三（三二九一）六一〇六　担当：大津

◆『浅井隆と行くニュージーランド視察ツアー』

南半球の小国でありながら独自の国家戦略を掲げる国、ニュージーランド。ロシアのウクライナ侵攻で世界中が騒然とする中、この国が今、「世界で最も安全な国」として脚光を浴びています。核や自然災害の脅威、資本主義の崩壊に備え、世界中の大富豪がニュージーランドに広大な土地を購入し、サバイバル施設を建設しています。さらに、財産の保全先（相続税、贈与税、キャピタルゲイン課税がありません）、移住先としてもこれ以上の国はないかもしれません。

そのニュージーランドを浅井隆と共に訪問する、「浅井隆と行くニュージーランド視察ツアー」を開催しております（新型コロナウイルスの影響により二〇二二年一一月のツアーは二〇二三年一一月に変更となりました）。現地では、浅井の経済最新情報レクチャーもございます。内容の充実した素晴らしいツアーです。ぜひ、ご参加下さい。
■お問い合わせ先：㈱第二海援隊　TEL：〇三（三二九一）六一〇六　担当：大津

◆浅井隆のナマの声が聞ける講演会

著者・浅井隆の講演会を開催いたします。二〇二三年は東京、名古屋、大阪、札幌で予定しております。経済の最新情報をお伝えすると共に、生き残りの具体的な対策を詳しく、わかりやすく解説いたします。

活字では伝えることのできない、肉声による貴重な情報にご期待下さい。
■詳しいお問い合わせ先は、㈱第二海援隊

TEL：〇三（三二九一）六一〇六　FAX：〇三（三二九一）六九〇〇
Eメール：info@dainikaientai.co.jp

◆「核攻撃標的マップ」販売！

日本国土上の核攻撃目標となり得るところ（米軍関連基地、自衛隊のターゲットとなり得る基地、原発など、ロシアがターゲットとしている大都市）を大きな日本地図に書き込んだ地図を読者限定でお分けしたいと思います（消費税・送料込みで一枚三〇〇〇円）。さらに洋書『Nuclear Battlefields』（核戦場）に記された日本の危険な目標物をまとめたコピーも特典として同封します。ご希望の方は、ぜひお問い合わせ下さい。

■お問い合わせ先：TEL：〇三（三二九一）六一〇六　担当：齋藤

◆あなたの本を作ってみませんか

「これまでの人生をまとめた本を作りたい」「家族の思い出をまとめたい」「趣

味の写真を本にしたい」「自分の会社の社史を編纂したい」……。人生の節目で、あなたの想いや足跡をかたちにしてみませんか？　私たち第二海援隊出版部がお手伝いをさせていただきます。漠然とした想いだけでも構いません。その方のご希望に沿った冊数（少部数でもご相談下さい）、形式、ご予算でご相談に乗らせていただきます。ぜひ一度ご相談下さい（原則、一般流通は致しません）。

■相談窓口：㈱第二海援隊　TEL：〇三（三二九一）一八二一　担当：山上

◆第二海援隊ホームページ

第二海援隊では様々な情報をインターネット上でも提供しております。詳しくは「第二海援隊ホームページ」をご覧下さい。私ども第二海援隊グループは、皆さんの大切な財産を経済変動や国家破産から守り殖やすためのあらゆる情報提供とお手伝いを全力で行ないます。

また、浅井隆によるコラム「天国と地獄」を連載中です。経済を中心に長期的な視野に立って浅井隆の海外をはじめ現地生取材の様子をレポートするなど、

〈参考文献〉

【新聞・通信社】

『日本経済新聞』『朝日新聞』『中部新聞』『時事通信』
『ブルームバーグ』『ロイター』

【拙著】

『最後の円高』（第二海援隊）
『この国は 95％の確率で破綻する!!』（第二海援隊）
『2014 年日本国破産〈警告編〉』（第二海援隊）
『2026 年日本国破産〈警告編〉』（第二海援隊）
『2026 年日本国破産〈現地突撃レポート編〉』（第二海援隊）
『2025 年の大恐慌』（第二海援隊）
『オレが香港ドルを暴落させる　ドル / 円は 150 円経由 200 円へ！』（第二海援隊）
『1 ドル＝ 200 円時代がやってくる!!』（第二海援隊）

【その他】

『ロイヤルレポート』

【ホームページ】

フリー百科事典『ウィキペディア』
『内閣官房』『財務省』『日本銀行金融研究所』『NHK』『BBC』『IMF』
『独立行政法人国際協力機構（JICA）』『FNN プライムオンライン』
『日経 BP』『ダイヤモンド・オンライン』『MarketWatch』『Expatistan』
『ビジネスインサイダージャパン』『中央日報』『レコードチャイナ』
『Google Finance』『トラベルボイス』『ルイ・ヴィトン』『モーターファン』
『メルセデス・ベンツ』『マクドナルド』『World Population Review』
『THE UNIVERSITY OF BRITISH COLUMBIA Sauder School of Business』
『シノドス国際社会動向研究所』『FIRST SOVEREIGN』
『関西大学学術リポジトリ』

〈著者略歴〉

浅井　隆（あさい　たかし）

経済ジャーナリスト。1954年東京都生まれ。学生時代から経済・社会問題に強い関心を持ち、早稲田大学政治経済学部在学中に環境問題研究会などを主宰。一方で学習塾の経営を手がけ学生ビジネスとして成功を収めるが、思うところあり、一転、海外放浪の旅に出る。帰国後、同校を中退し毎日新聞社に入社。写真記者として世界を股にかける過酷な勤務をこなす傍ら、経済の猛勉強に励みつつ独自の取材、執筆活動を展開する。現代日本の問題点、矛盾点に鋭いメスを入れる斬新な切り口は多数の月刊誌などで高い評価を受け、特に1990年東京株式市場暴落のナゾに迫る取材では一大センセーションを巻き起こす。
その後、バブル崩壊後の超円高や平成不況の長期化、金融機関の破綻など数々の経済予測を的中させてベストセラーを多発し、1994年に独立。1996年、従来にないまったく新しい形態の21世紀型情報商社「第二海援隊」を設立し、以後約20年、その経営に携わる一方、精力的に執筆・講演活動を続ける。
主な著書:『大不況サバイバル読本』『日本発、世界大恐慌！』（徳間書店）『95年の衝撃』（総合法令出版）『勝ち組の経済学』（小学館文庫）『次にくる波』（PHP研究所）『Human Destiny』（『9・11と金融危機はなぜ起きたか!?〈上〉〈下〉』英訳）『いよいよ政府があなたの財産を奪いにやってくる!?』『徴兵・核武装論〈上〉〈下〉』『最後のバブルそして金融崩壊『国家破産ベネズエラ突撃取材』『都銀、ゆうちょ、農林中金まで危ない!?』『デイトレ・ポンちゃん』『巨大インフレと国家破産』『年金ゼロでやる老後設計』『ボロ株投資で年率40%も夢じゃない!!』『2030年までに日経平均10万円、そして大インフレ襲来!!』『コロナでついに国家破産』『瞬間30%の巨大インフレがもうすぐやってくる!!』『老後資金枯渇』『2022年インフレ大襲来』『2026年日本国破産〈警告編〉』『日本は第2のウクライナとなるのか!?』『極東有事――あなたの町と家族が狙われている！』『2026年日本国破産〈あなたの身に何が起きるか編〉』『オレが香港ドルを暴落させる　ドル/円は150円経由200円へ！』『巨大食糧危機とガソリン200円突破』『2025年の大恐慌』『2026年日本国破産〈現地突撃レポート編〉』『1ドル=200円時代がやってくる!!』（第二海援隊）など多数。

ドル建て金持ち、円建て貧乏

2023年1月9日　初刷発行

著　者　浅井　隆
発行者　浅井　隆
発行所　株式会社　第二海援隊
〒101-0062
東京都千代田区神田駿河台2-5-1　住友不動産御茶ノ水ファーストビル8F
電話番号　03-3291-1821　　FAX番号　03-3291-1820

印刷・製本／株式会社シナノ

ISBN978-4-86335-230-8

第二海援隊発足にあたって

日本は今、重大な転換期にさしかかっています。にもかかわらず、私たちはこの極東の島国の上で独りよがりのパラダイムにどっぷり浸かって、まだ太平の世を謳歌しています。

しかし、世界はもう動き始めています。その意味で、現在の日本はあまりにも「幕末」に似ているのです。ただ、今の日本人には幕末の日本人と比べて、決定的に欠けているものがあります。それこそ、志と理念です。現在の日本は世界一の債権大国（＝金持ち国家）に登り詰めはしましたが、人間の志と資質という点では、貧弱な国家になりはててしまいました。それこそが、最大の危機といえるかもしれません。

そこで私は「二十一世紀の海援隊」の必要性を是非提唱したいのです。今日本に必要なのは、技術でも資本でもありません。志をもって大変革を遂げることのできる人物と、それを支える情報です。まさに、情報こそ〝力〟なのです。そこで私は本物の情報を発信するための「総合情報商社」および「出版社」こそ、今の日本に最も必要と気付き、自らそれを興そうと決心したのです。

しかし、私一人の力では微力です。是非皆様の力をお貸しいただき、二十一世紀の日本のために少しでも前進できますようご支援、ご協力をお願い申し上げる次第です。

浅井　隆